国际象棋冠军课堂

U0733705

国际象棋
初级教程

章晓雯·编著

人民邮电出版社
北京

图书在版编目（CIP）数据

国际象棋初级教程 / 章晓雯编著. -- 北京 : 人民
邮电出版社, 2021.12（2022.8重印）
（国际象棋冠军课堂）
ISBN 978-7-115-57425-1

Ⅰ. ①国… Ⅱ. ①章… Ⅲ. ①国际象棋－教材 Ⅳ.
①G891.1

中国版本图书馆CIP数据核字(2021)第191871号

免责声明

内 容 提 要

"国际象棋冠军课堂"系列图书是国象微学堂邀请国际特级大师编写的适合青少年学习国际象棋的专业教程。

本书作为"国际象棋冠军课堂"系列书之一，主要帮助广大青少年了解与学习国际象棋的基本战术。全书共18课，分别介绍了击双、串击、牵制、双将、闪将和闪击、消除保护、引离、引入、拦截、堵塞和腾挪战术，并根据每节课的知识点排了难度适中的随堂练习，附赠的练习册可以作为课后练习来使用，帮助学习者进一步巩固与强化所学的知识和战术，学会在实战中灵活运用。

本书可以作为国际象棋教师开展青少年国际象棋培训的工具书，也可以作为青少年学习国际象棋的参考书。

◆ 编　著　章晓雯
　　责任编辑　裴　倩
　　责任印制　马振武

◆ 人民邮电出版社出版发行　　北京市丰台区成寿寺路 11 号
　　邮编　100164　　电子邮件　315@ptpress.com.cn
　　网址　https://www.ptpress.com.cn
　　涿州市京南印刷厂印刷

◆ 开本：700×1000　1/16
　　印张：9.25　　　　　　2021 年 12 月第 1 版
　　字数：220 千字　　　　2022 年 8 月河北第 3 次印刷

定价：59.80 元（附小册子）

读者服务热线：**(010)81055296**　印装质量热线：**(010)81055316**
反盗版热线：**(010)81055315**
广告经营许可证：京东市监广登字 20170147 号

序言

亲爱的读者朋友，很高兴你翻开了这本书，是国际象棋将我们联系在一起。作为一名获得过世界冠军的国际象棋棋手，我自小学棋，深刻体会到了学棋带给我的好处。

学习国际象棋，让我从一个坐不住的皮大王，变成专注时可以忽略一切干扰的人。下棋中蕴含的逻辑思维和计划性，使我更善于思考和分析，做事有条不紊。每一次和对手的较量，都在游戏中培养我解决问题的能力，而输赢的体验也磨炼了意志，让我变得更加自信。最主要的是，我在棋盘间体会到满满的乐趣和成就感。这一切，希望你们也能感受到。

"国际象棋冠军课堂"系列图书是专门为青少年学习国际象棋编写的专业教程，涵盖从入门到高级阶段的课程内容。书内富含极具特色的卡通形象和插画，增加了课程的趣味性，提高了大家学习国际象棋的热情。通过本系列图书的学习，你不仅能够掌握国际象棋的技法和棋理，还可以形成完善的对弈与制胜方法。

本书介绍了国际象棋入门的基础知识，不同于枯燥的规则讲解，本书在编写时更重视互动和运用。课程设计循序渐进，实用性强。精心设计的练习题，让大家在尝试破解的同时能感受到国际象棋的乐趣。

请接受这份独特的邀约，和我一起进入奇妙的国际象棋世界。

章晓雯

国际象棋女子世界冠军队成员，国际级运动健将，女子国际特级大师，国际棋联教练员，国家级裁判员。

《东方体育日报》棋牌栏目特约撰稿人，上海五星体育频道"棋牌新教室"节目讲棋嘉宾。2020年和2018年国际象棋女子世界冠军对抗赛官方特邀讲棋嘉宾，全国各大文化馆"名师讲坛"国际象棋主讲人。

获得过国际象棋世界女子团体冠军、世界大学生团体冠军、世界少年快棋赛女子个人冠军、亚洲女子个人冠军、全国女子个人冠军。在全国甲级联赛、全国团体赛、全国智力运动会等重要专业赛事中，总计获得冠军15次以上。

具有丰富的国家队训练经验，从事国际象棋教学推广多年，参与上海市青少年培训；她的学生获得亚洲冠军、全国冠军、省市冠军数十人，国家级运动健将，一级、二级运动员数十人，全国棋协大师百余人。

目录

棋 子 家 族

第一课

计算热身操

划重点

学习制造攻击

思考如何防守

经过入门阶段的学习，相信同学们都已掌握了国际象棋基本的行棋规则和原理，乐此不彼地对弈起来。而想要赢得更多，我们需要熟练运用一个制胜法宝——战术。

战术是指战斗时打击目标的具体方法。在国际象棋中，战术可以细分为许多种类，我们将会逐一了解它们。

在此之前，先来做一做热身操，学习和养成良好的计算习惯，让我们战术的运用事半功倍。

一、善于观察

下棋不是比拼谁下得更快，而是要看谁能先将死对方的王。比起盲目走棋，更重要的是知道自己走这一步棋的目的是什么。**因此，在行棋之前，需要先观察，再思考，想清楚了之后才动手。**

我们先从简单的一步杀开始。

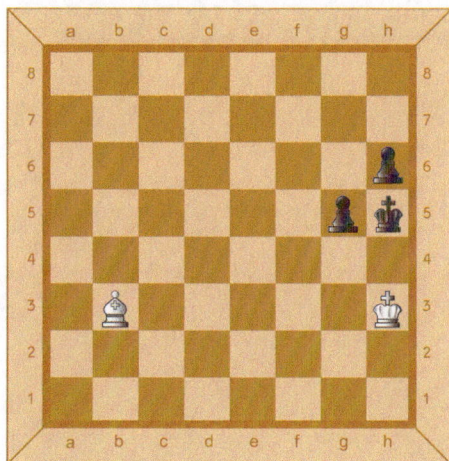

如图，白先一步杀。

大家一定很快就能想到，正确答案是 1.Bf7#。

那我们再来一题试试。

如图，同样是白先一步杀。

这道题会花费多一点时间，但不会难倒大家，正确答案还是 1.Bf7#。

为什么思考的时间变长了呢？**因为棋盘上的棋子变多了，我们需要观察的对象变多了。**

在我们实际下棋的过程中，并不常有一步杀的机会。更多的时候，需要通过攻击对方的棋子来争取优势。**这时观察的对象就不仅仅是对方的王，而是整个棋盘的棋子。**

所以，同学们要坐正身体，静下心来，把面前的棋子都看在眼里，想想它们的分值是多少？是否有保护？行动路线又是什么？

小贴士

杀王的要点

1. 确认目标是对方的王

2. 观察王的活动范围

3. 寻找子力去攻击它

4. 缩小王的活动范围，直到对方无法应将

二、制造攻击

除了针对王的直接将军，攻击棋子时我们可以重点留意这些棋子，将其作为目标。

1. 没有保护的棋子
2. 保护不足的棋子
3. 分值较高的棋子

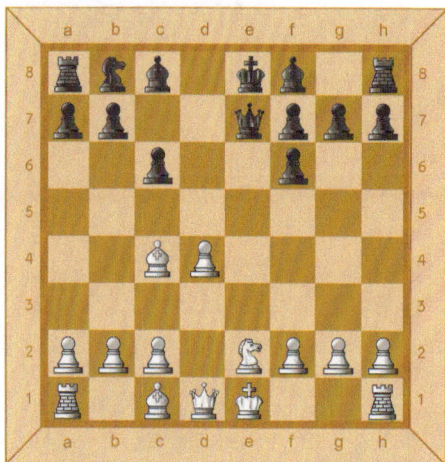

这一次的攻击能够顺利实施，就是因为白方的 c4 象没有保护。

再来看一个例子。

如图，黑方先走。

通过观察可以发现，白方的 c4 象**没有保护**，进一步想下去能够得知，黑后走到 b4 即是将军，又是捉象，白方无法在应将的同时守住自己的象，黑方得子。

如图，白方先走。

在这个局面中，黑方的 c6 马是一个**保护不足的棋子**，如果白方把车走到 c1 去攻击它，就能威胁下一步吃掉黑马。

因为黑马虽然有黑象保护，但只是1个棋子，而白方有白象和白车2个棋子进攻，力量大于黑方。

所以，黑马需要逃开或者请求支援，比如黑车走到c8。

回到上一个局面，黑后是一个**分值较高的棋子**，如果白方把车走到d1去攻击它，也能形成实质性威胁。

因为黑后的价值大于白车，无法接受不平等的交换，所以黑后会赶紧逃开。

随堂练习

白方先走，制造攻击（1-3题）。

1

2

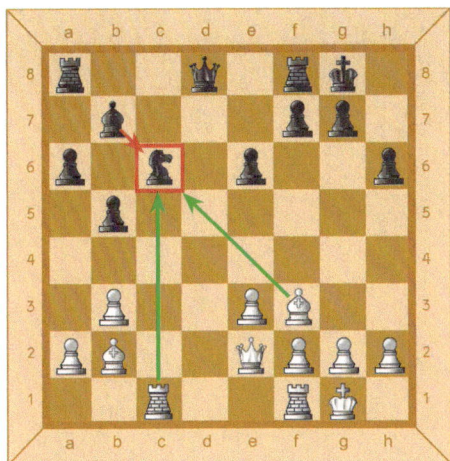

3

4

黑方先走，制造攻击（4-6题）。

5

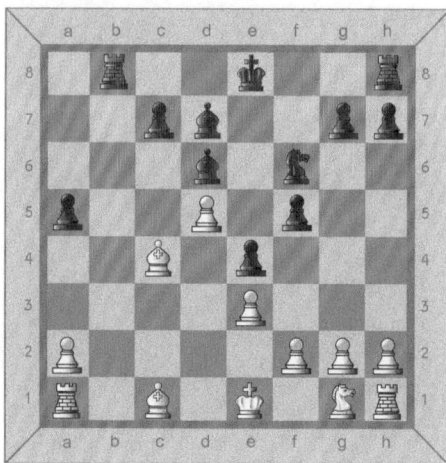

6

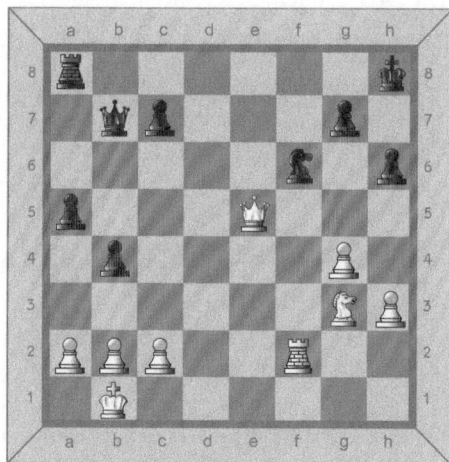

三、有效防守

通过上一个例子，我们会发现，当制造攻击之后，对手是会做出回应并进行防守的。这就像是打羽毛球，打过去的球，对方会打回来，双方你来我往，直到一方出现失误。

我们学习防守的技巧能够守好自己的阵地，但应注意换位思考对方有可能的回应，因为这样才能做到算无遗策，避免失误。

在遭受攻击时，我们先要判断这个攻击的威力，主要通过两方面比较。

1.比一比攻守双方棋子的分值大小。

2.比一比攻守双方棋子的数量多少。

棋子分值较小、数量较多的一方，**在交换中更占优势。**

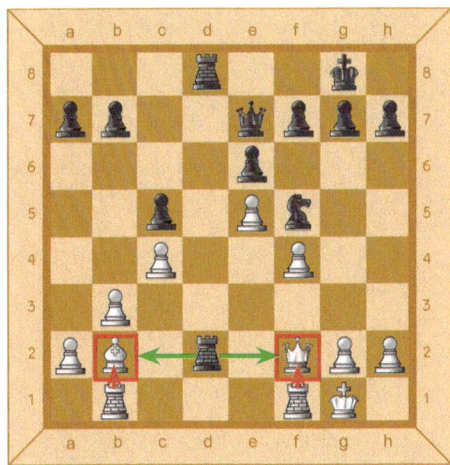

如图，白方先走。

黑车正在攻击白方的棋子，我们需要观察。

受到攻击的棋子是白象和白后，它们各有 1 个棋子保护，和进攻的 1 个黑车打成平手。但在子力价值上，象小于

车，后大于车。

所以，白象是安全的，而白后无法接受不平等的交换，需要赶紧避开黑车的攻击，比如走 **1.Qe1**。

那我们有哪些防守方法呢？

还记得将军的时候该如何应将吗？应将其实就是王受到攻击之后的防守，因为王不能被吃掉，所以应将的方式有 3 种：吃、垫和逃。

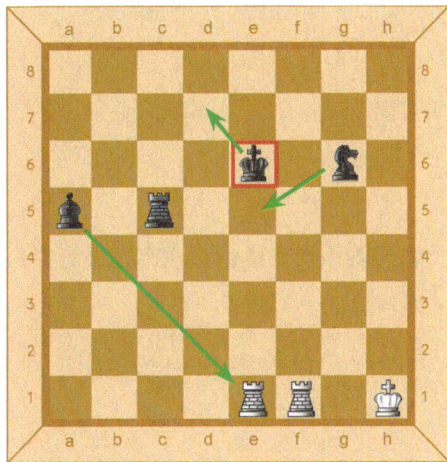

如图，黑王有吃、垫和逃 3 种应将方式可以选择。

而其他子力是可以被吃掉的，所以除了吃、垫和逃，还可以选择"保"，甚至在一些特殊情况下，可以弃掉这个棋子，换取更大的优势。

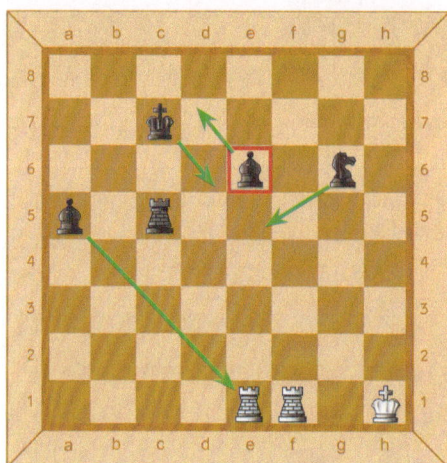

如图，因为黑象的价值低于白车，所以黑象有吃、垫、逃和保 4 种防守方式可以选择。如果把黑象换成分值大于白车的后，就不能用"保"这个方法了。

具体选择哪一种方式，还是要综合子力价值和攻守数量来决定，做到交换的时候分值上不吃亏，数量上不吃亏。

随堂练习

白方先走，进行防守（7-9题）。

7

8

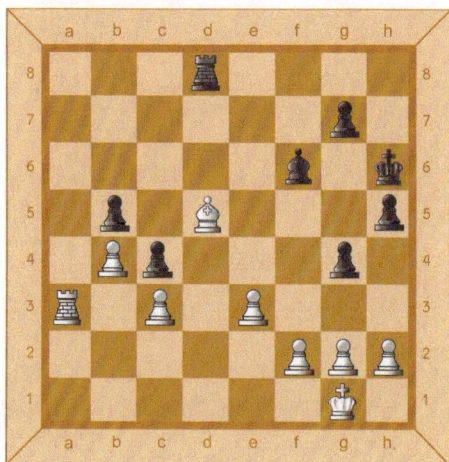

9

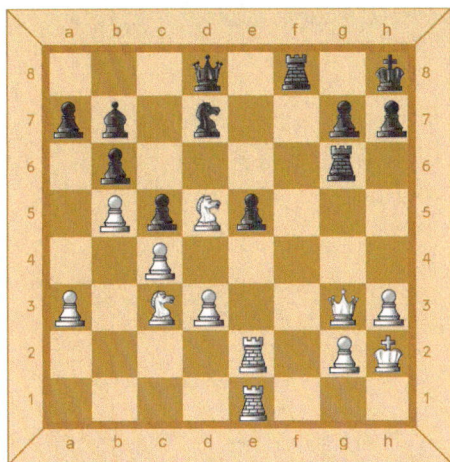

黑方先走，进行防守（10-12 题）。

10

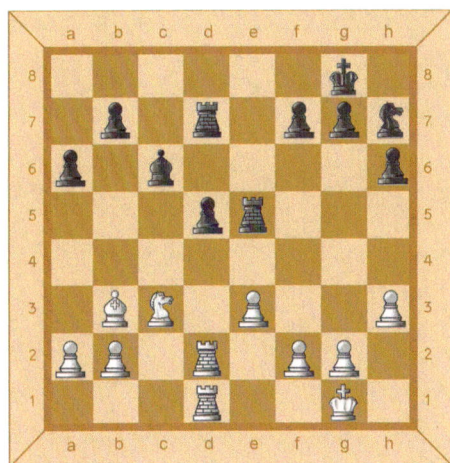

11

12

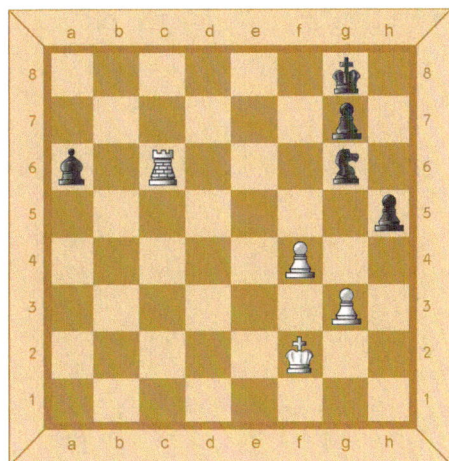

第二课

一石二鸟：击双

经过上节课的学习我们知道，发动进攻时，对手往往会进行防守。那有没有可能让对手无法防守呢？让我们一起开始战术的学习吧！

一、击双战术

这节课我们来学习击双战术。

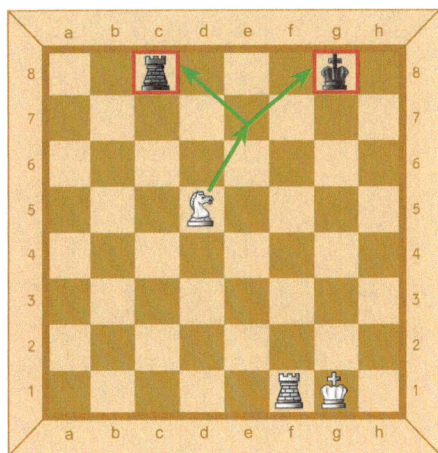

击双战术，就是用一个棋子同时攻击对方两个或两个以上的目标，也被称为捉双或双重攻击。

如图，白方先走。

白马跳到 e7，同时攻击黑王和黑车的走法就是击双。

防守方因为每步棋只能移动一个棋子，所以往往很难同时守住。

所有的棋子都可以实施击双，其中后和马最为擅长，因为后和马可以同时往 8 个方向发动进攻。

值得注意的是，击双的目标不仅包括王和其他棋子，也包括重要的格子。

因此，在我们运用击双战术时，观察局面并留意。

1. 哪些棋子没有保护或缺乏保护。

2. 有没有可能将军。

3. 有没有杀王的威胁。

小贴士

击双的要点

　　1. 一个棋子同时攻击两个目标

　　2. 注意将军、杀王、没有保护和缺乏保护的棋子

　　3. 后和马特别擅长

二、带将的击双

因为王的目标鲜明，将军必须应将，所以带将的击双比较容易实施。

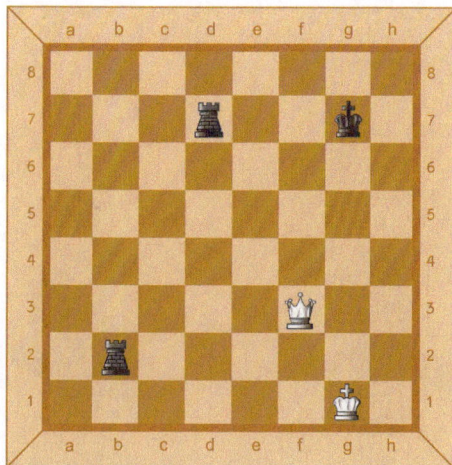

如图，白方先走。可以找到几种击双的方法？

观察局面可以发现，黑王暴露在外，两只黑车全都没有保护，白方心里乐开了花，随便挑选哪只车都可以得子。

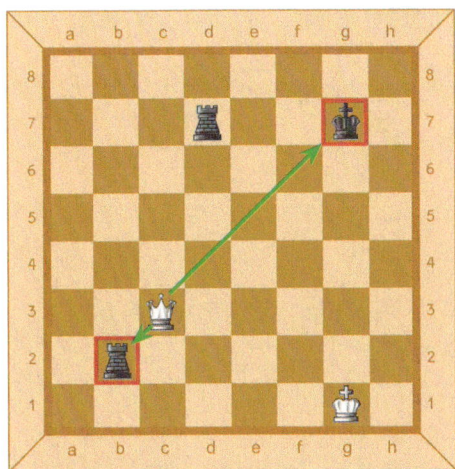

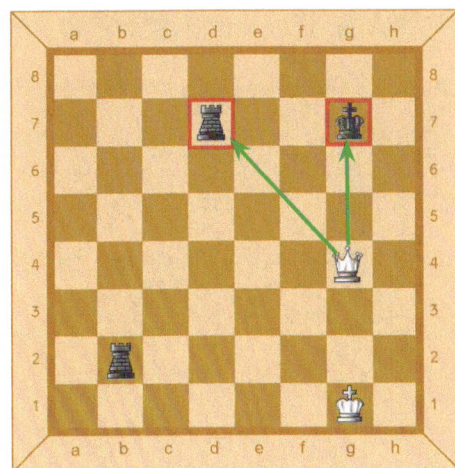

比如，1.Qc3+ 或者 1.Qg4+，都可以同时攻击黑王和黑车，在黑王逃开后吃掉黑车。

当棋盘上棋子较多时，更加考验我们的观察能力，记得寻找落单的棋子、将军和杀王的机会，尝试有无击双的可能。

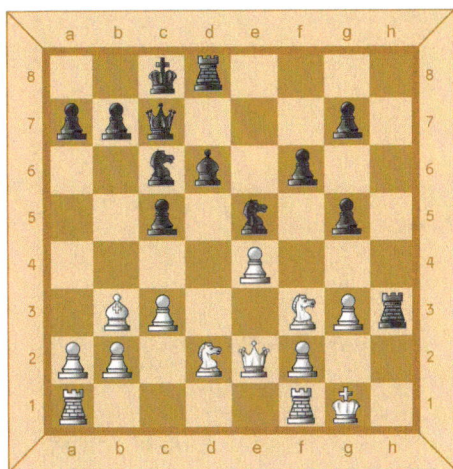

如图，白方先走。

观察局面可以发现，黑王有被将军的可能，而在这条斜线上，还有一只没有保护的黑车！

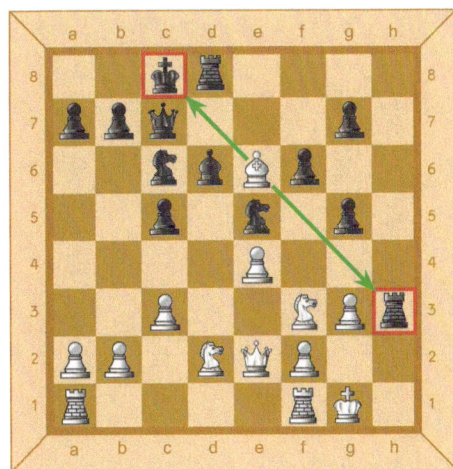

白方 1.Be6+，同时攻击黑王和黑车，即可获得子力优势。

随堂练习

白方先走，制造击双（1-3题）。

1

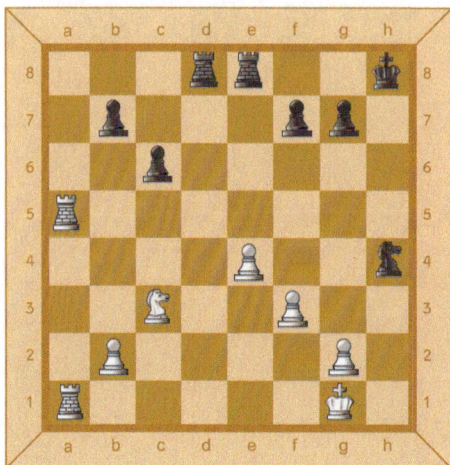

2

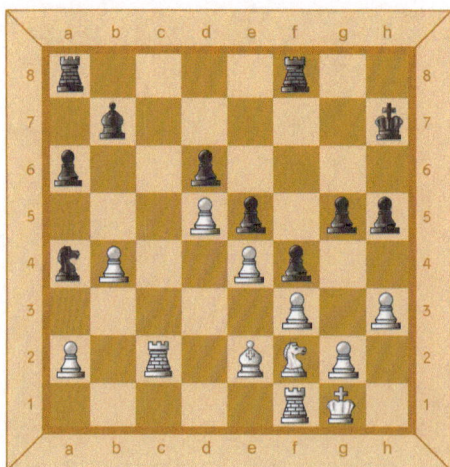

3

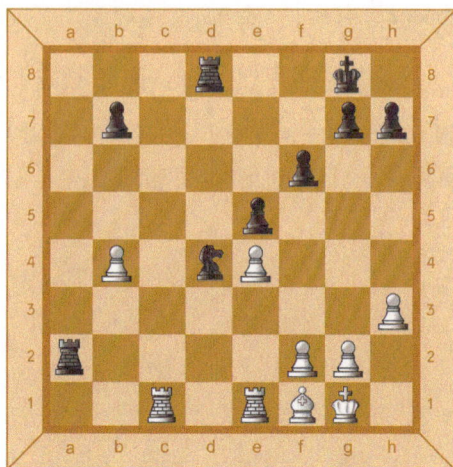

黑方先走，制造击双（4-6题）。

4

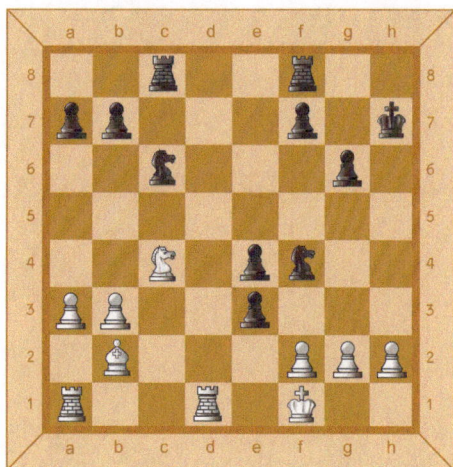

5

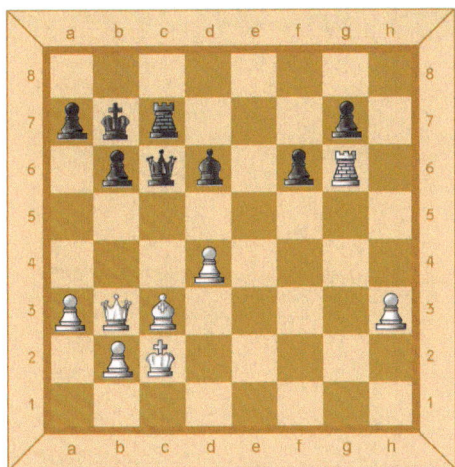

6

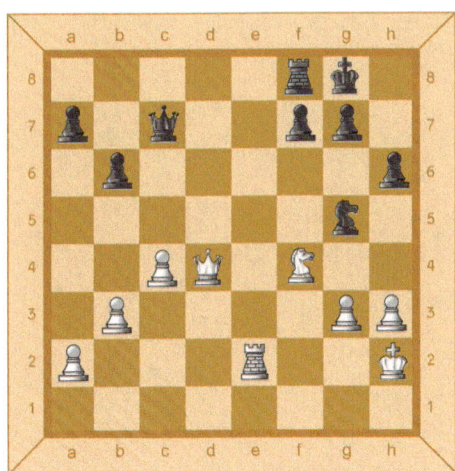

三、后的击双

后是国际象棋中威力最大的棋子，在击双的运用上也是得心应手。由于可以远距离同时往 8 个方向进攻，后的走法非常灵活。

在对付走直线的车时，后可以从斜线击双；在对付走斜线的象时，后可以从横线和直线击双。对于王、马和兵更没有这些限制。当然，击双时要避免被吃掉，所以后是不能直接对对方后进行击双的。

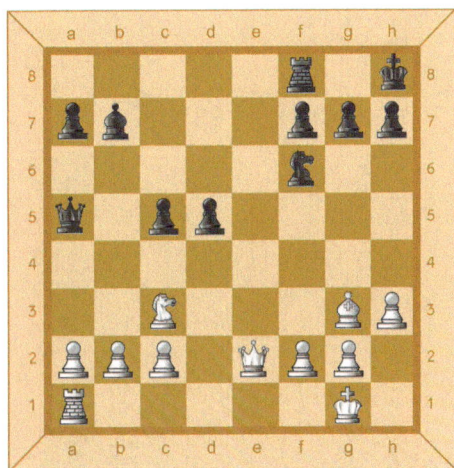

如图，白方先走。

观察到黑车和黑象没有保护，并且在受到攻击后无法同时守住，所以白方可以走 1.Qe7 进行击双。

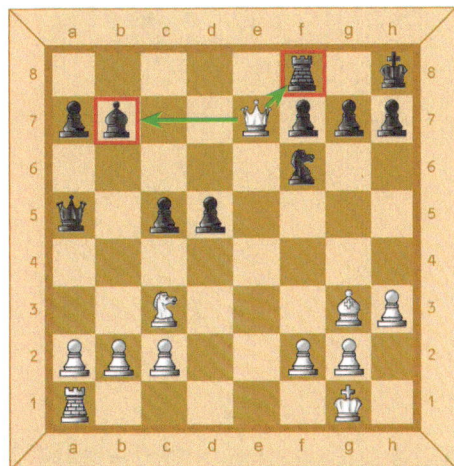

由于白象看管着 b8 格，所以黑车无法走到那里去保护黑象，白方得子。

需要注意的是，后的子力价值较高，单打独斗时，通常会进攻没有保护的棋子，而当被攻击的棋子有所保护，后也需要其他子力的协助。

随堂练习

白方先走，制造击双（7-9 题）。

7

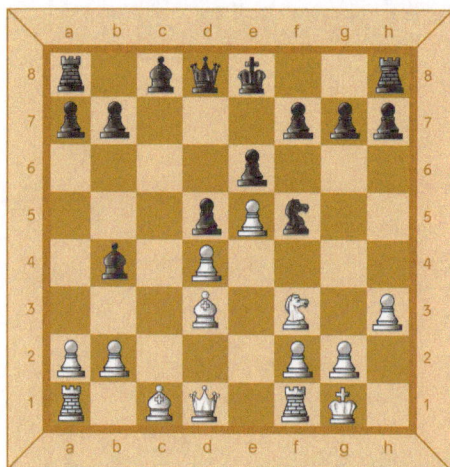

8

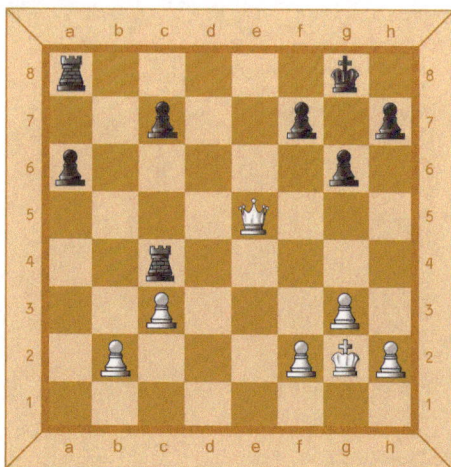

9

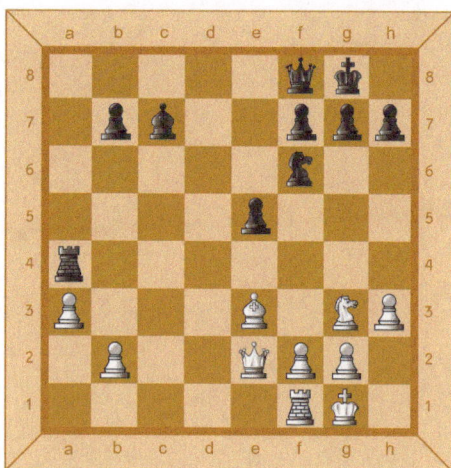

黑方先走，制造击双（10-12题）。

10

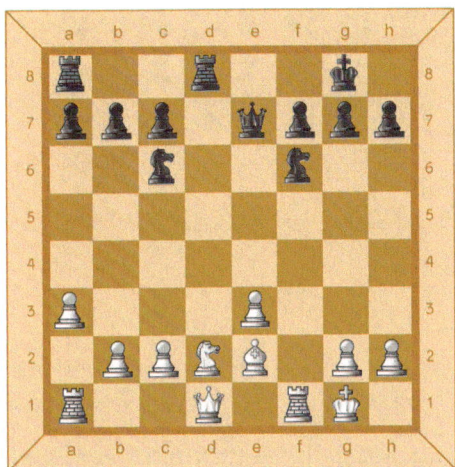

11

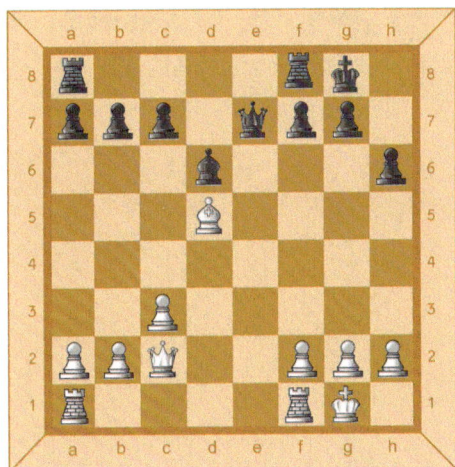

12

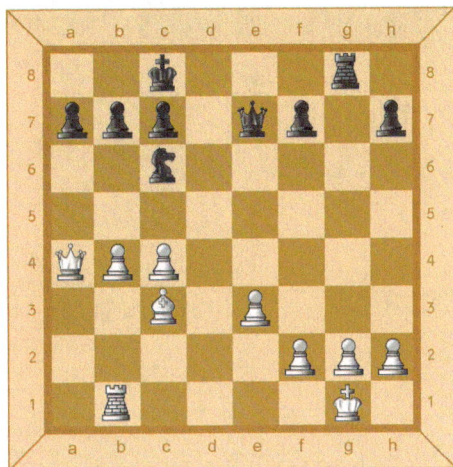

四、马的击双

马的行动路线像是一朵绽放的花，也可以同时往 8 个方向进攻，并且这种走法独一无二，所以马也是击双的高手。

除了不能攻击同类以外，马可以击双任何其他的棋子而不用担心被吃掉，又因为其子力价值偏低，进攻时负担较小，更容易争得子力优势。

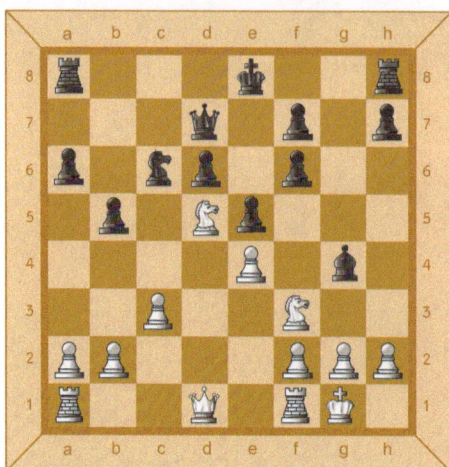

如图，白方先走。

观察黑方棋子的位置，发现白方有2种方式都可以击双。

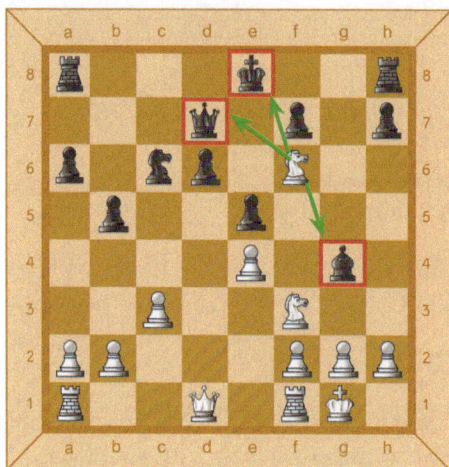

考虑到 1.Nf6+ 是一步将军，同时攻击黑后，可以为白方争取最大的子力优势，所以是白方的最佳选择。

熟悉棋子之间"马步"的关系，可以帮助我们更好地运用马的击双。

随堂练习

白方先走，制造击双（13-15题）。

13

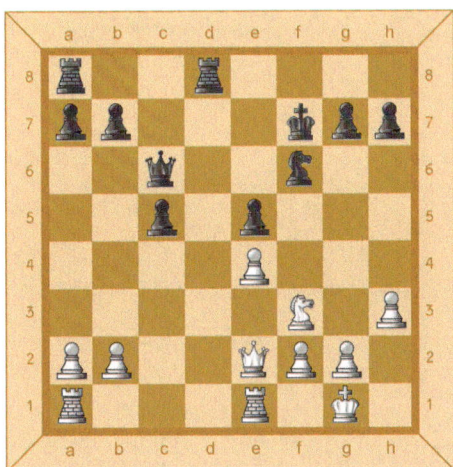

14

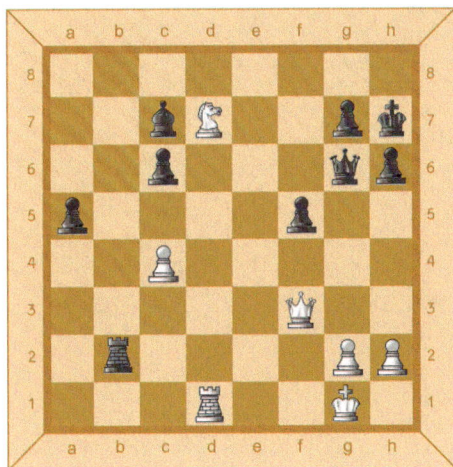

15

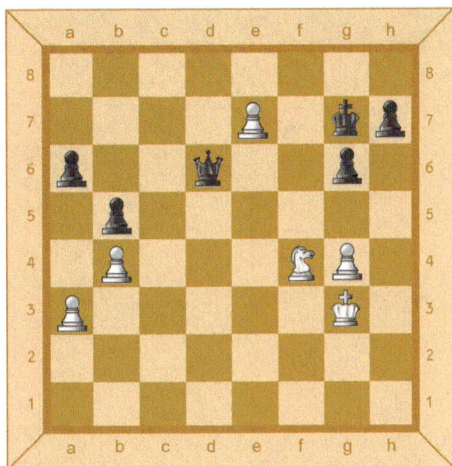

黑方先走，制造击双（16-18题）。

16

17

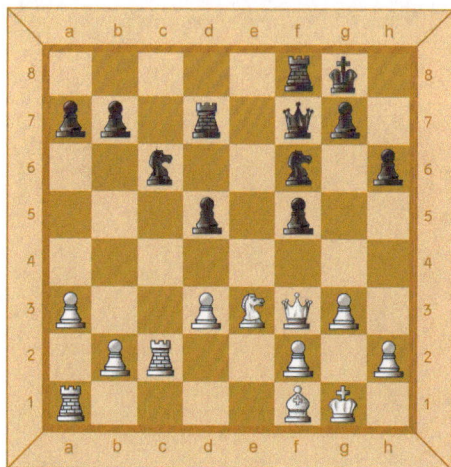

18

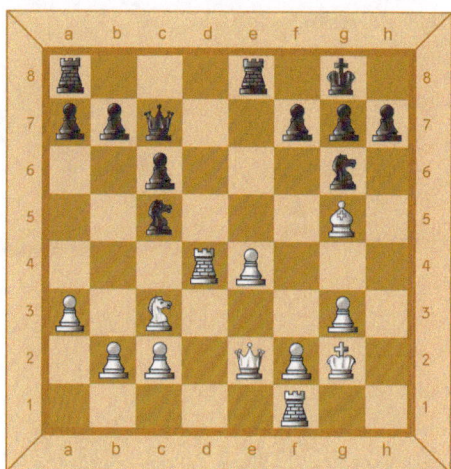

第 3 课

击双的实战运用

划重点

学习常用开局
理解击双的实战运用

学习击双战术之后，同学们一定迫不及待地进行了尝试。那么，在实战中，击双战术又是如何运用的呢？让我们开动善于思考的大脑，一边学习常用开局，一边发现其中的奥妙。

一、意大利开局：布莱克本弃兵

1.e4 e5 2.Nf3 Nc6 3.Bc4

初学者常用的意大利开局起手式。

3...Nd4

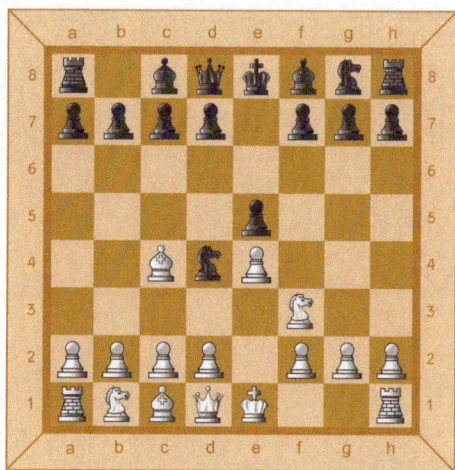

一步出人意料的走法，黑马放弃了对 e5 兵的保护跳到中心。这是黑方故意设下的陷阱，引诱白方吃兵。这个走法被称为意大利开局：布莱克本弃兵。

（一）错误的走法

4.Nxe5

如果白方吃兵就正中黑方下怀，此时黑方出现了第一次击双的机会。

4...Qg5

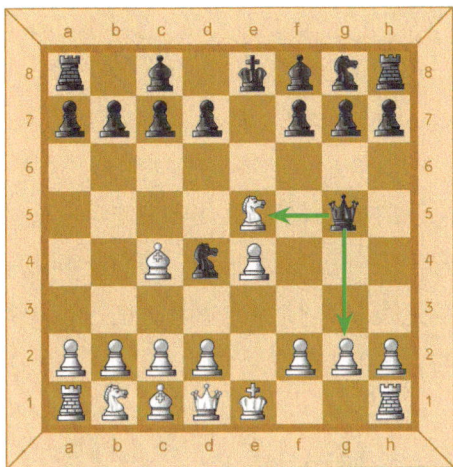

黑后同时攻击白马和白兵，白方无法同时保全。如果 5.Ng4 挡在黑后和白兵之间，黑方可以冲兵 5...d5 同时攻击白象和白马，这是一个闪击战术，我们会在之后的课上详细学到。

5.Nxf7

白马也同时攻击黑后和黑车，但与黑方接下来的走法相比，白方的攻击威力不够。

5...Qxg2

黑后吃兵，进行第二次击双，同时攻击白车和白兵，并且在吃子时都可以将军，直接威胁到白王的安全。

6.Rf1

如果 6.Nxh8 吃车，就 6...Qxh1+

7.Bf1 Qxe4+ 8.Be2 Bc5，白王非常危险，黑方胜券在握。

6...Qxe4+ 7.Be2

如果 7.Qe2 Nxe2，白方少子，也难逃败局。

7...Nf3#

白象为了保护白王不能离开，而白王又无处可逃，黑方将杀成功。这是一个牵制战术，我们也会在之后的课上详细学到。

（二）正确的走法

4.Nxd4 exd4 5.0-0

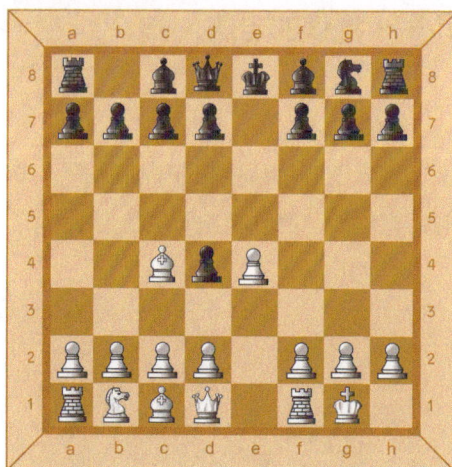

白方正确的走法是不贪吃兵，先兑马再短易位。这样一来，黑方连续跳马却只换来了一对中心叠兵，白方尽早易位，把王走到安全的地方，为后续争夺中心做准备。

5...Nf6 6.Re1

出车对准黑王，想要冲兵 e5。

6...d6 7.c3

白方利用出子优势，快速展开进攻。

7...dxc3

如果 7...Be7 8.cxd4，白方获得多兵优势。

8.Qb3

白方获得多兵优势。

二、双马防御转苏格兰弃兵

1.e4 e5 2.Nf3 Nc6 3.Bc4 Nf6

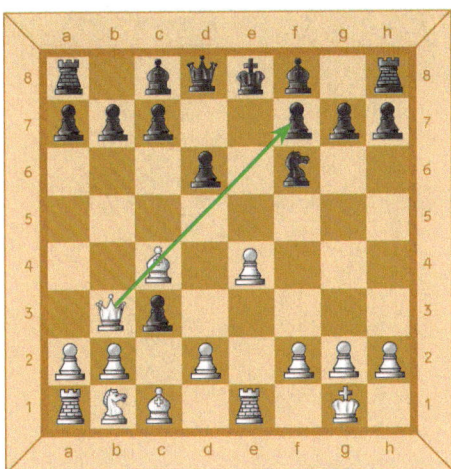

通过 c3 开线，白后直接参与战斗，攻击黑兵。

8...Be6

其他的走法白方也能获得优势，比如 8...d5 9.exd5+，吃兵将军，再把 c3 兵吃回，白方优势；8...Qe7 或 8...Qd7，白方都可以 9.Nxc3，吃兵的同时正常出子，黑后阻碍了己方出子，白方优势很大。

9.Bxe6 fxe6 10.Qxe6+Qe7 11.Qxe7+ Bxe7 12.Nxc3

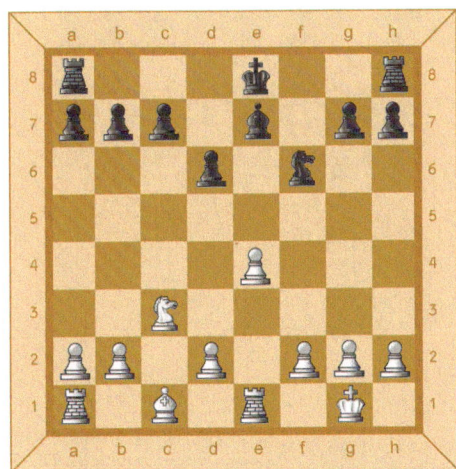

黑方跳马，形成了双马防御。

4.d4

一个特别的走法，双马防御的常规走法是 4.Ng5。

（一）错误的走法

4...Nxe4

黑方用马吃兵是错误的，这样一来，他将失去对中心的控制。

5.dxe5 Bc5

看似自然的出子，实则是又一个错误，因为白方可以进行一次致命的击双。

6.Qd5

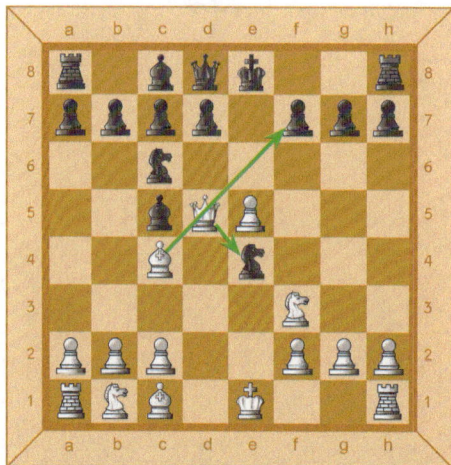

白后同时威胁吃马和吃兵杀王，黑方无法两全。

6...Bxf2+ 7.Kf1 0-0 8.Qxe4

黑方保全了自己的王，白方吃马，获得子力优势。

（二）正确的走法

4...exd4

开局从双马防御转为苏格兰弃兵。

5.e5 d5

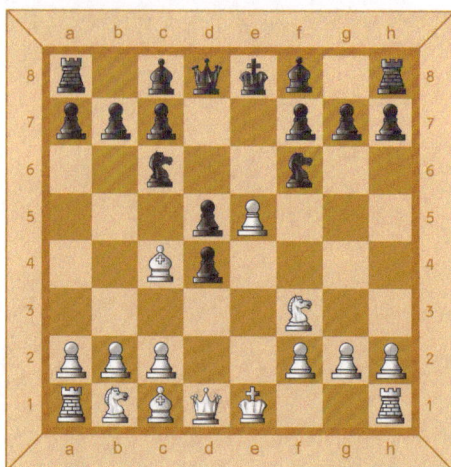

黑方勇敢地冲兵，与白方相互攻击，才是争夺中心的正确方法。兑换子力对白方没有好处，通常会选择把象走开。

6.Bb5 Ne4

黑马入驻中心。

7.Nxd4

吃回弃兵。

7...Bd7 8.Bxc6 bxc6 9.0-0

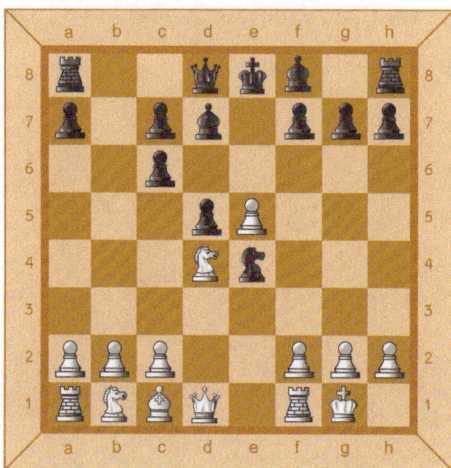

黑象在守住斜线后，黑马会威胁到白方的中心，所以白象进行了兑换。

9…Bc5 10.f3 Ng5 11.f4 Ne4 12.Be3

白方利用两步先手抓马，顺势冲兵巩固中心，再出象守住斜线。

12…Bb6 13.Nd2 Nxd2 14.Qxd2 c5 15.Nf3

形成了双方都可以尝试的复杂局面。

第四课

想吃糖葫芦：串击

学习掌握串击战术

一、串击战术

这节课我们来学习串击战术。

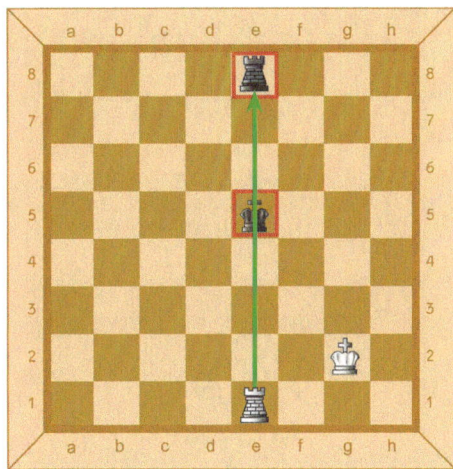

当三个棋子在同一条直线、横线或斜线上，其中一个棋子是攻击方，沿着这条线攻击对方的棋子；另两个棋子是防守方，前面的棋子价值大于后面的棋子，就形成串击战术，也称为串击。

在这种情况下，为了保全价值较大的棋子，防守方在无奈之下移开位于前面的棋子，后面的棋子就会被吃掉。偶尔也会出现前后棋子价值相等的情况，防守方同样需要作出取舍。

想要发动这样的攻击，必须使用可以远距离作战的长兵器：后、车或象。

串击的真正目的是吃掉位于后面的棋子，所以如果后面的棋子价值低于攻击方或者能够获得足够的保护，串击的危机将会解除。

小贴士

串击的要点

1. 三个棋子在一条线上，一个我的，两个他的

2. 我的棋子是长兵器：后、车或象

3. 他的棋子价值：前面大于后面

4. 吃掉后面的棋子时，我可以获得优势

二、象的串击

象非常擅长运用串击，因为相比起后和车，象的分值最小，更容易在交换时获得优势。

如图，黑方先走。

白后和白车在一条斜线上，并且后

的价值大于车，黑方刚好可以用象去攻击它们。

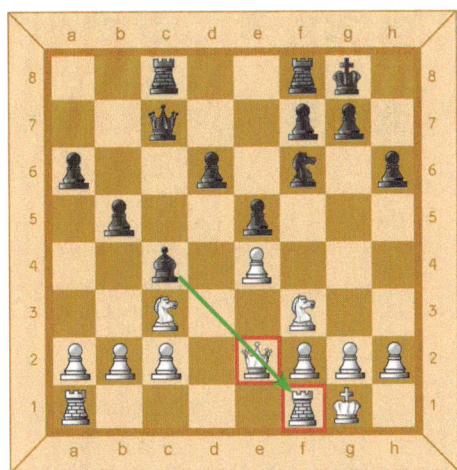

黑方可以走 **1...Bc4** 进行串击，白后需要逃开，而象的价值小于车，因此即使白车有保护也不用担心，在交换之后，黑方仍能获得优势。

随堂练习

白方先走，制造串击（1-3题）。

1

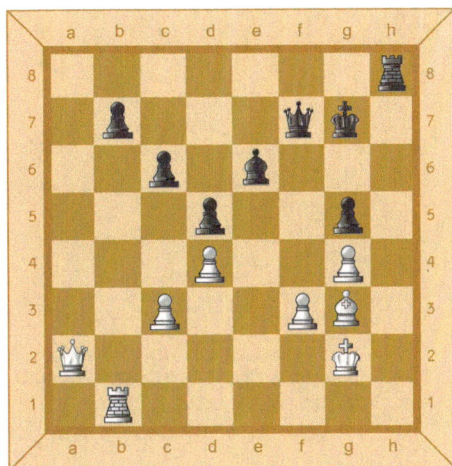

2

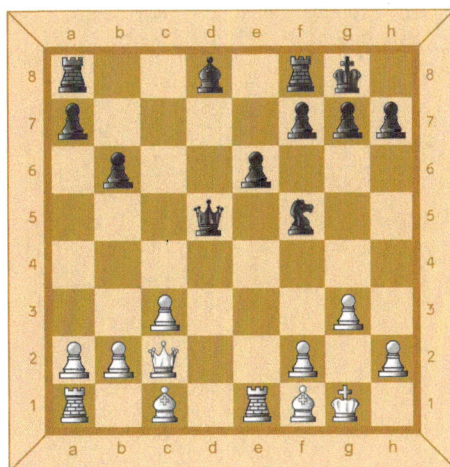

3

黑方先走，制造串击（4-6题）。

4

5

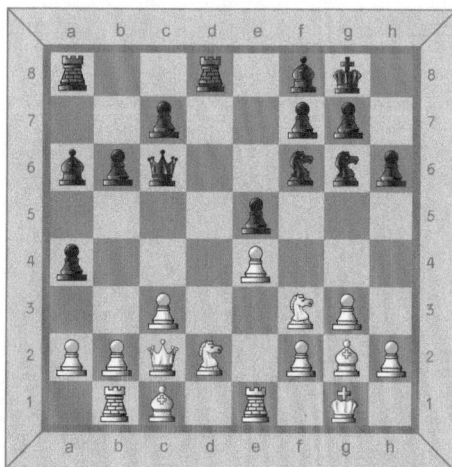

6

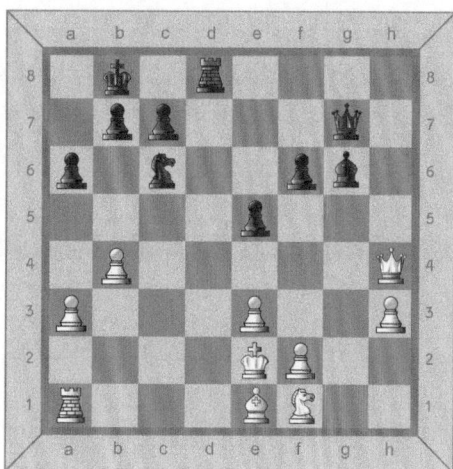

三、车的串击

车在串击时的目标多为没有保护的棋子或价值大于自己的后，但不要因此而小瞧车，有时候车甚至在残局中也能爆发出威力。

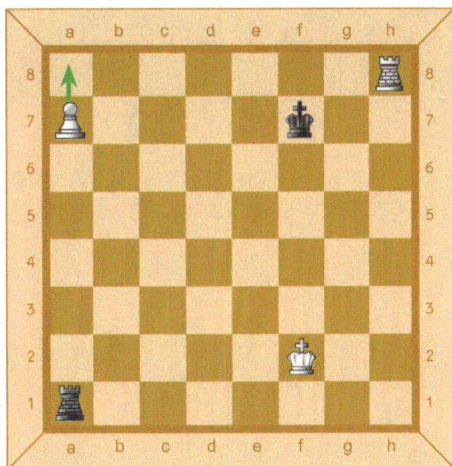

如图，白方先走。

在这个局面中，白方想要冲兵至 a8 升变，但白车堵在了升变格上，又因为黑车持续攻击白兵而无法离开。看似是一个僵局，白方却凭借串击一招制胜！

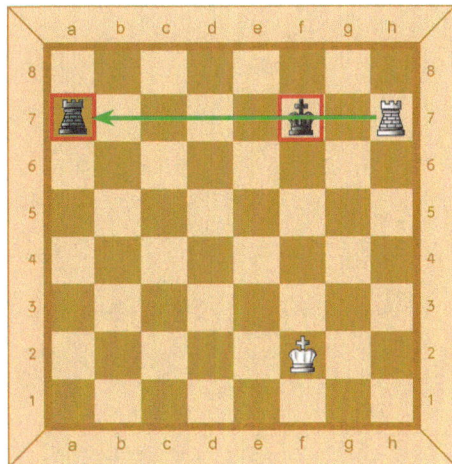

1.Rh8，白车主动离开，威胁冲兵 a8 升变。

黑方为了阻止白兵，只能走 1...Rxa7 接受弃兵。

这样一来，正中白方下怀，2.Rh7+ 进行串击。

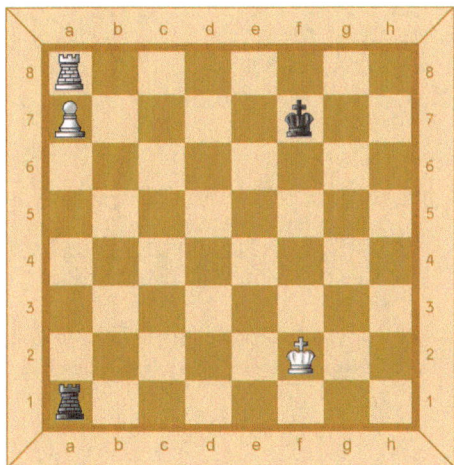

黑王因为将军必须离开，白方多车足以获胜。

随堂练习

白方先走，制造串击（7-9题）。

7

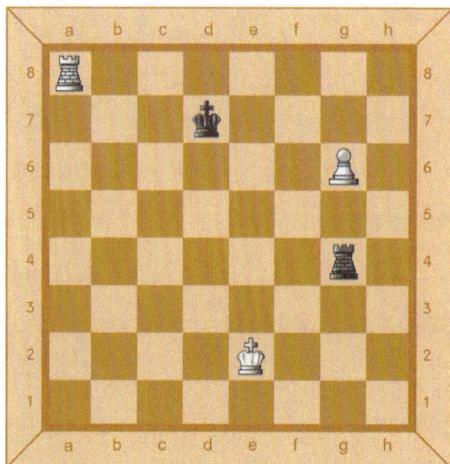

8

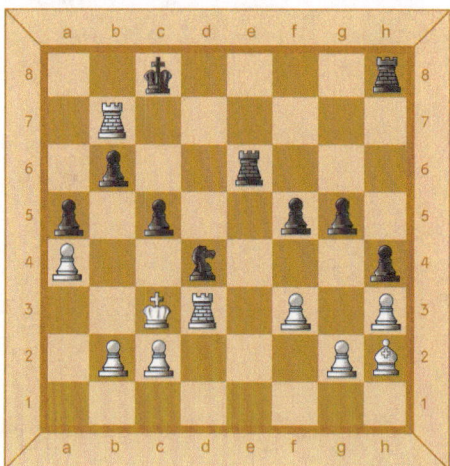

9

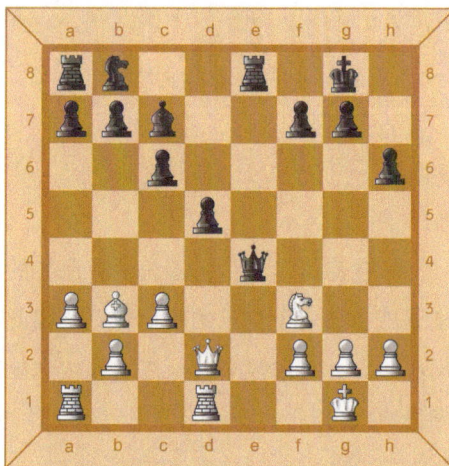

黑方先走，制造串击（10-12题）。

10

11

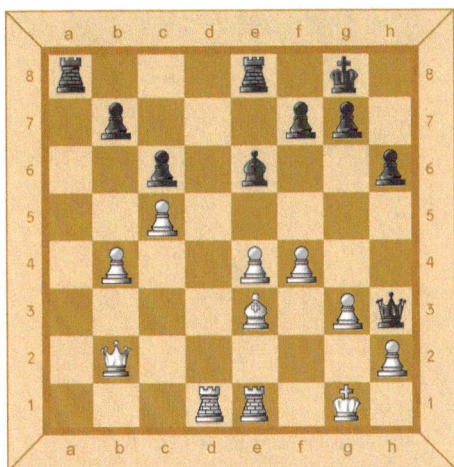

12

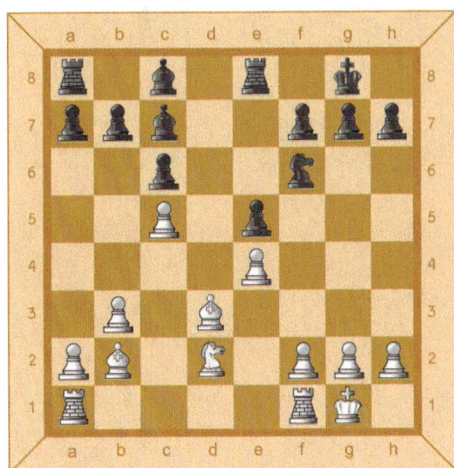

第五课

离不开线的风筝：牵制（一）

一、牵制战术

这节课我们来学习牵制战术，它类似于串击战术，但略有区别。

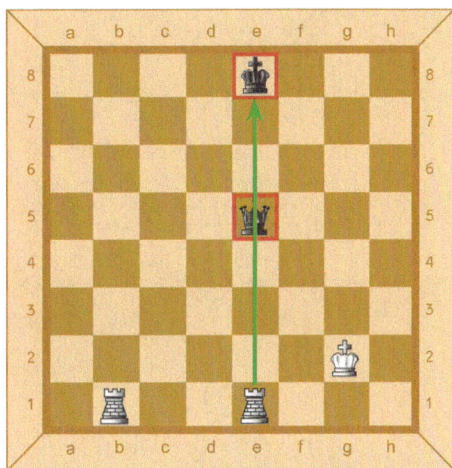

当三个棋子在同一条直线、横线或斜线上，其中一个棋子是攻击方，沿着这条线攻击对方的棋子；另两个棋子是防守方，前面的棋子价值小于后面的棋子，就形成牵制战术。

在这种情况下，为了避免后面这个价值较大的棋子被吃掉，防守方不能移动前面的棋子，它像是被一条线牵起来的风筝，无法挣脱。**前面这个不能移动的棋子，称为"被牵制子"。**

想要发动这样的攻击，同样必须使用可以远距离作战的长兵器：后、车或象。

在形成牵制后，我们不仅可以去攻击"被牵制子"，还可以利用"被牵制子"无法移动的特点，采取相应的行动。但要注意对方的反击，当牵制的"风筝线"不够牢固时，防守方有机会摆脱牵制。

小贴士

牵制的要点

1. 三个棋子在一条线上，一个我的，两个他的

2. 我的棋子是长兵器：后、车或象

3. 他的棋子价值：前面小于后面

4. 攻击"被牵制子"或采取相应的行动

5. 小心对手摆脱牵制

二、牵制的分类

牵制分为全牵制、半牵制和暗牵制。

后方受到掩护的棋子是王。因为王是不能被吃掉的，所以这是一个绝对的牵制，"被牵制子"完全无法动弹。

（一）全牵制

全牵制，是指在形成牵制时，位于

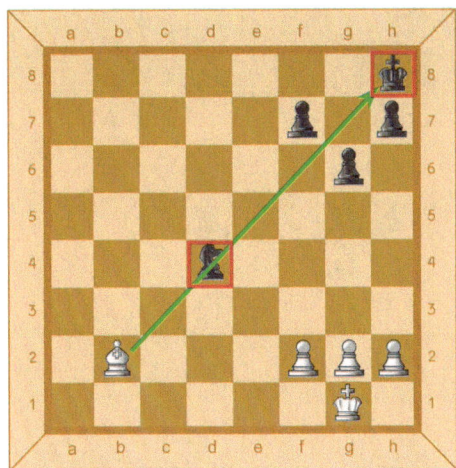

如图，黑方先走。

局面中出现了一个全牵制，黑马完全不能动弹，只能眼睁睁看着白象吃掉它。

随堂练习

白方先走，制造牵制（1-3题）。

1

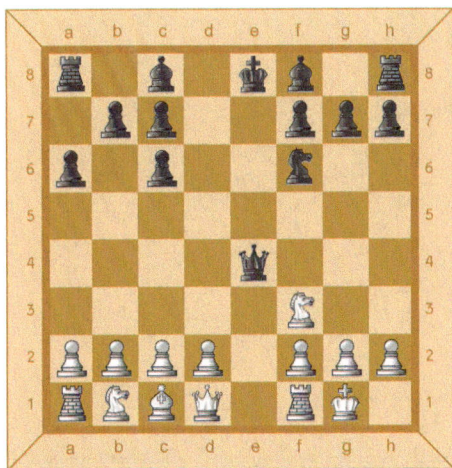

2

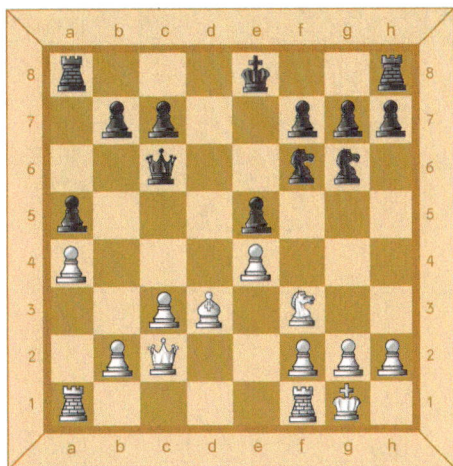

3

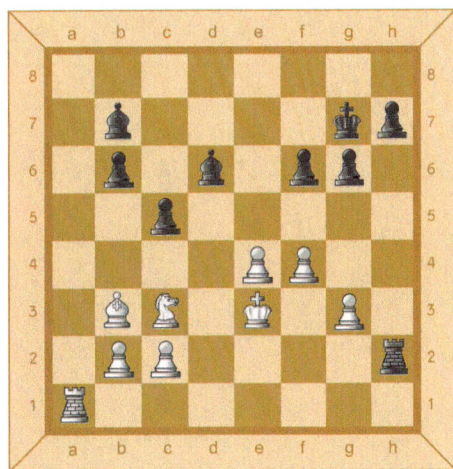

黑方先走，制造牵制（4-6题）。

4

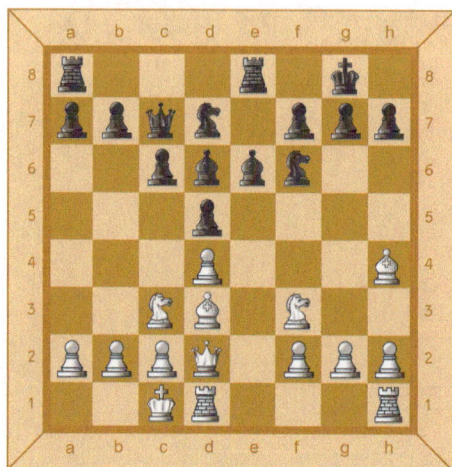

6

5

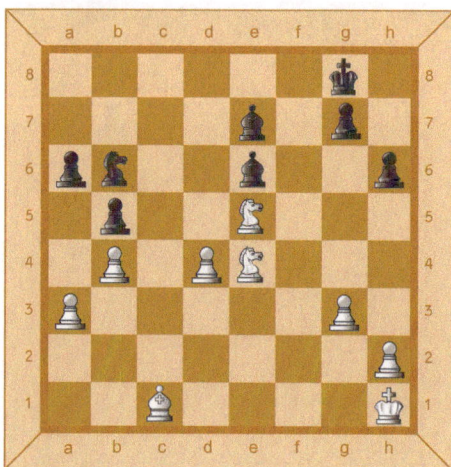

（二）半牵制

半牵制，是指在形成牵制时，位于后方受到掩护的是除王以外的棋子。因为这些棋子在规则上是允许被吃掉的，所以这个牵制并不牢固，"被牵制子"仍然有机会离开，防守方可以利用这一点摆脱牵制。

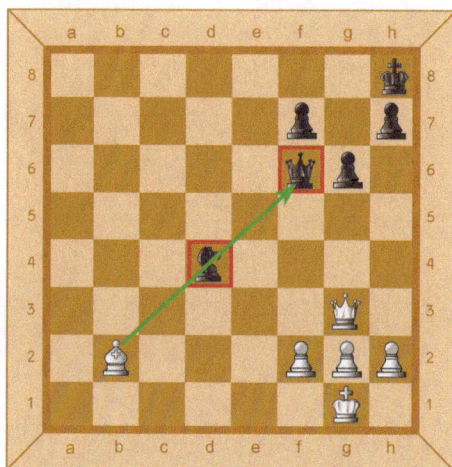

如图，黑方先走。

在上个局面的基础上，我们在棋盘上增加了后，现在形成的是一个半牵制，黑马仍然可以在特定条件下活动。

比如，黑方可以走 **1.Ne2+** 将军，这样一来，白方必须应将，来不及吃掉黑后。

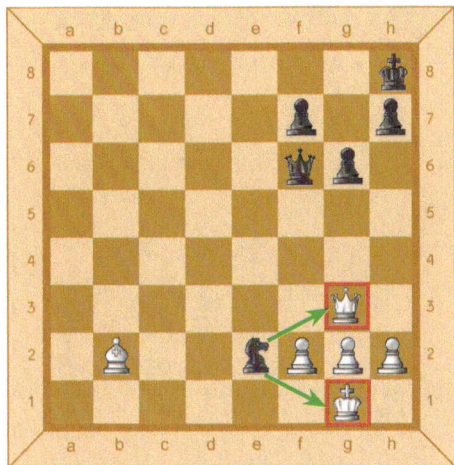

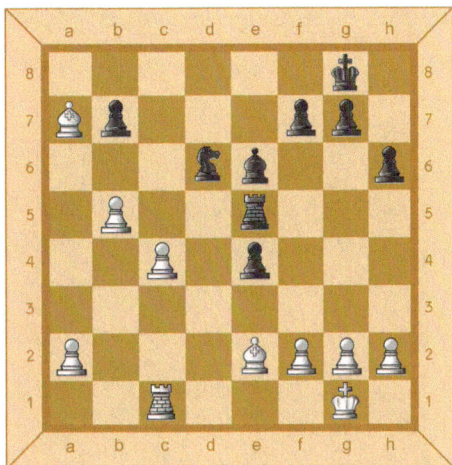

随堂练习

白方先走，制造牵制（7-9题）。

7

而不管白王去到 f1 还是 h1，黑方都可以 **2.Nxg3+** 带将吃掉白后，再吃掉白象，白方损失惨重。

8

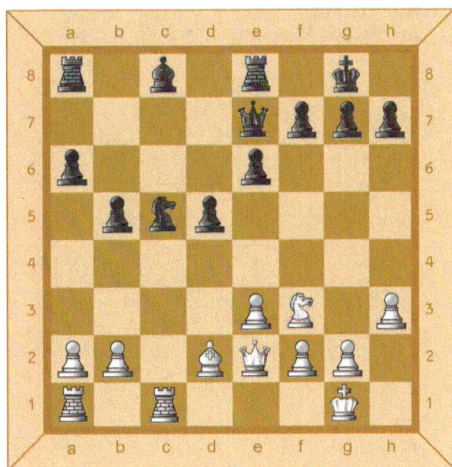

9

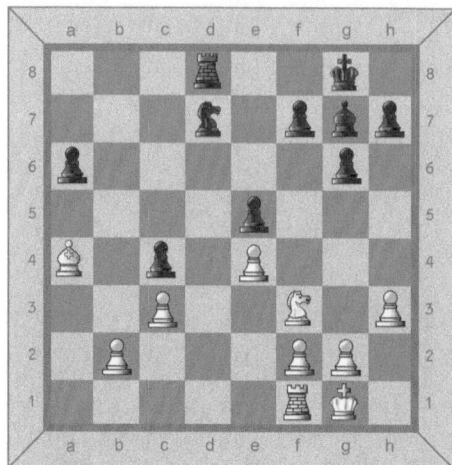

黑方先走，制造牵制（10-12题）。

10

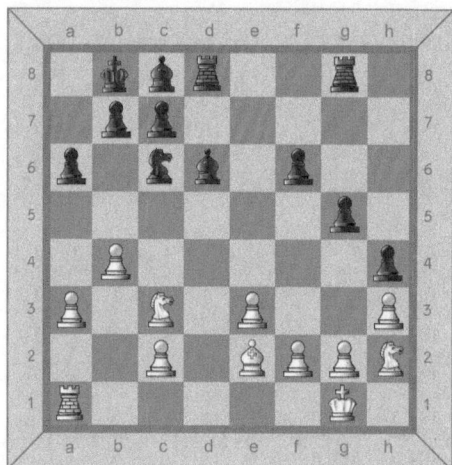

11

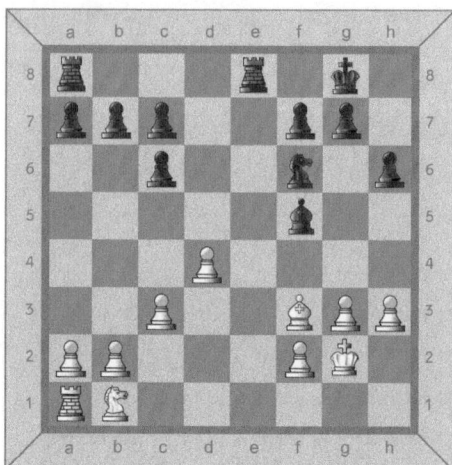

12

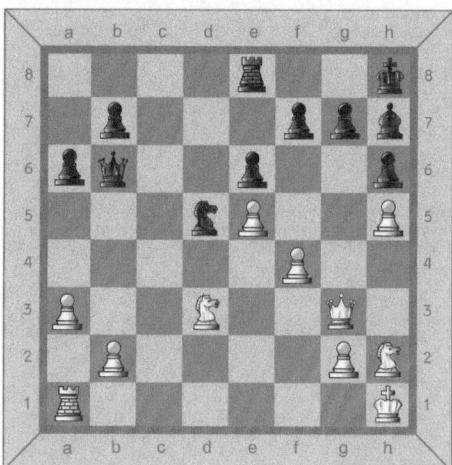

（三）暗牵制

暗牵制，是指在形成牵制时，位于后方受到掩护的不是棋子，而是一个重大的威胁，例如杀王。这类牵制比较特殊，不再是三个棋子在一条线上，具有一定的隐蔽性，需要仔细留意。

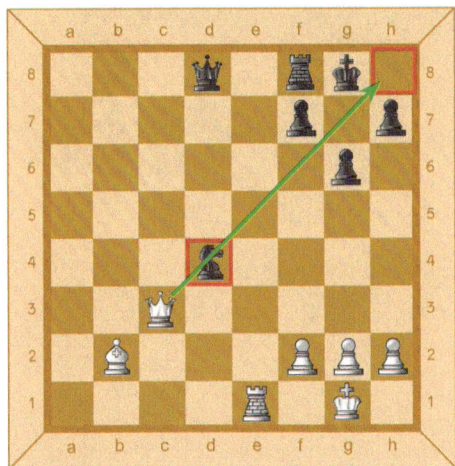

如图，黑方先走。

在原始局面上，我们继续进行修改，现在形成的是一个暗牵制，黑马是"被牵制子"，它掩护的是 h8 格，如果黑马离开，白方就可以后到 h8 进行杀王。

随堂练习

白方先走，制造牵制（13-15 题）。

13

14

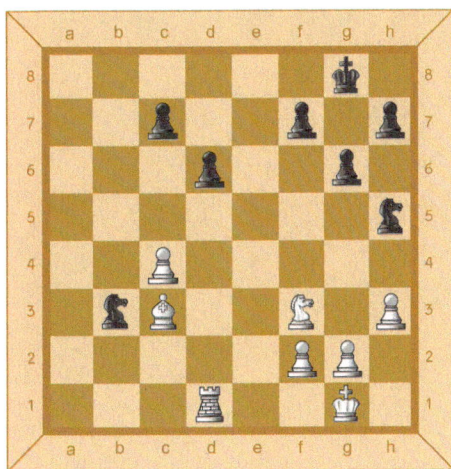

15

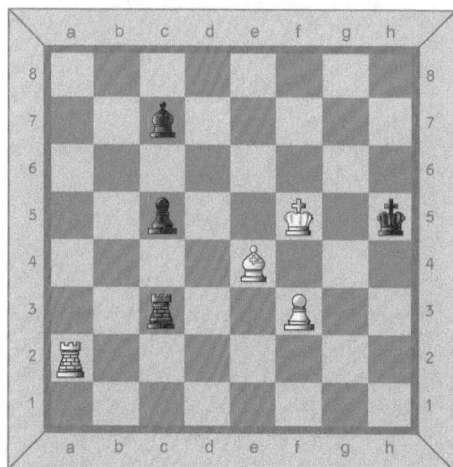

黑方先走，制造牵制（16-18题）。

16

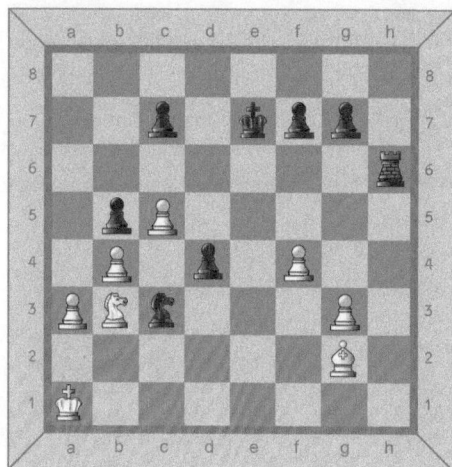

17

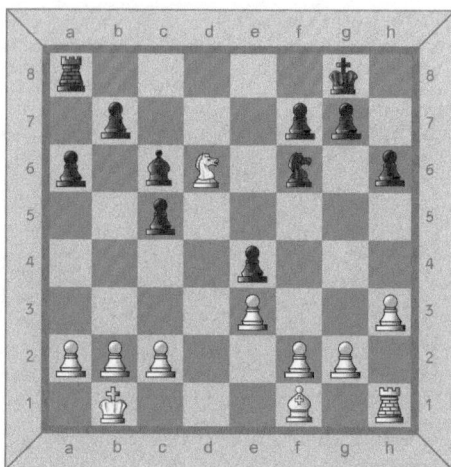

18

第六课

离不开线的风筝: 牵制（二）

划重点

学习牵制形成后的攻击方法

学习摆脱牵制

一、攻击被牵制的子

当牵制形成后，因为"被牵制子"无法移动，我们可以去攻击"被牵制子"，从而吃掉它获得子力优势。

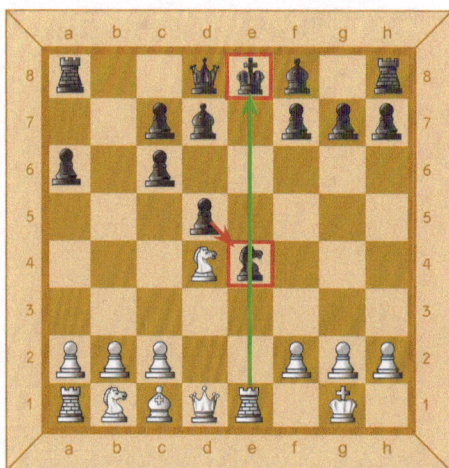

如图，白方先走。

观察局面可以发现，白方在 e 线上有一个全牵制，但是黑马有兵保护，车的价值高于马，白方不能直接吃马获得优势。

此时，就可以趁着"被牵制子"无法移动，继续攻击它。

白方走 1.f3 攻击黑马，而黑马无法逃脱。兵的价值低于马，白方势必在子力交换中获得优势。

随堂练习

白方先走，运用牵制（1–3题）。

1

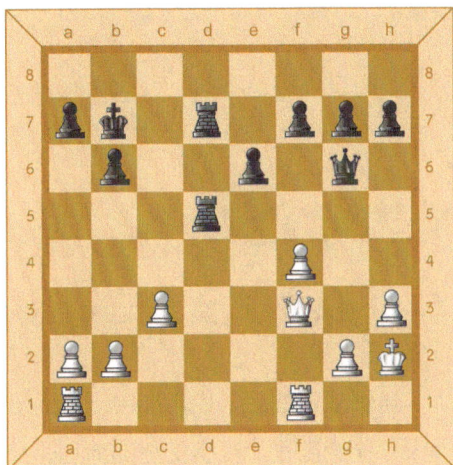

2

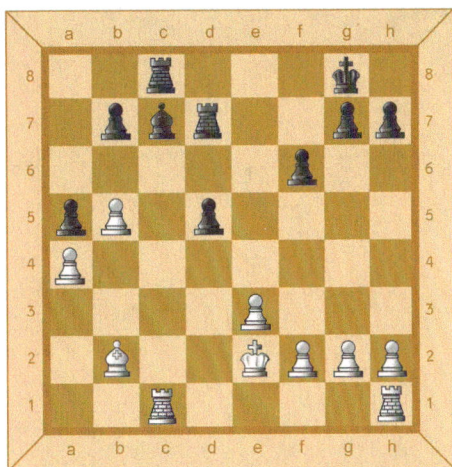

3

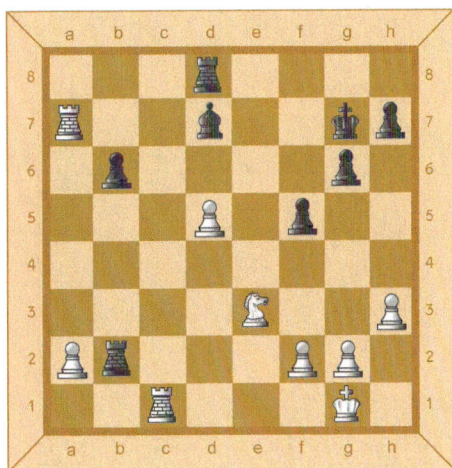

黑方先走，运用牵制（4-6题）。

4

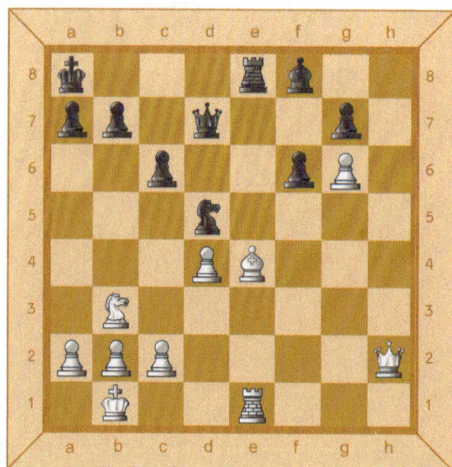

6

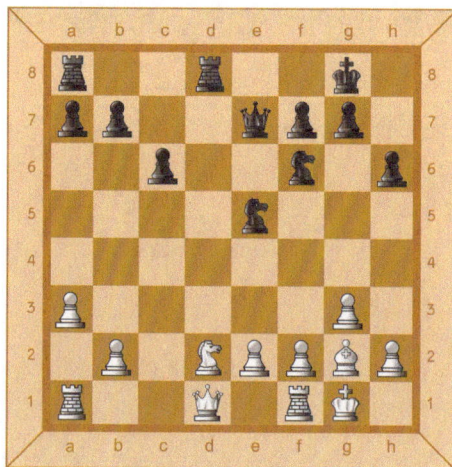

5

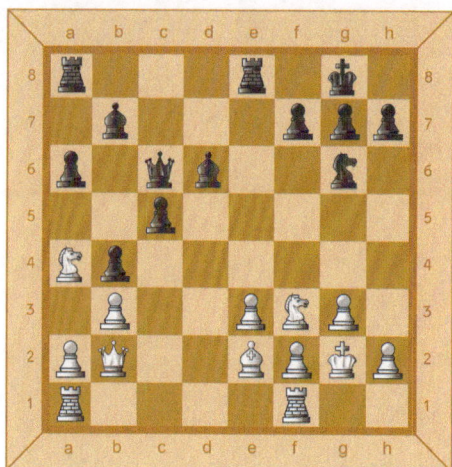

二、被牵制子失去作用

当牵制形成后，也可能会出现无法消灭"被牵制子"获得优势的情况，我们需要观察局面寻找其他的对策。

因为"被牵制子"无法移动，所以它虽然在那里，但失去了实际作用，我们可以吃掉"被牵制子"保护的棋子，或者使用它正在保护的格子。

来后会被吃掉。相比之下，白方情愿选择牺牲自己的马。

如图，黑方先走。

观察局面可以发现，黑方在 d 线上有一个半牵制，但无法通过消灭 d4 兵获得优势。

现在的情况属于"被牵制子失去作用"，虽然 d4 兵看上去正在保护 e5 马，实际上它因为不能离开 d 线，无法真正做到这一点。所以，黑方可以直接吃掉白马。

正确的走法是 1...Bxe5 吃马，白方不能 2.dxe5 用兵吃回来，因为这样一

随堂练习

白方先走，运用牵制（7-9题）。

7

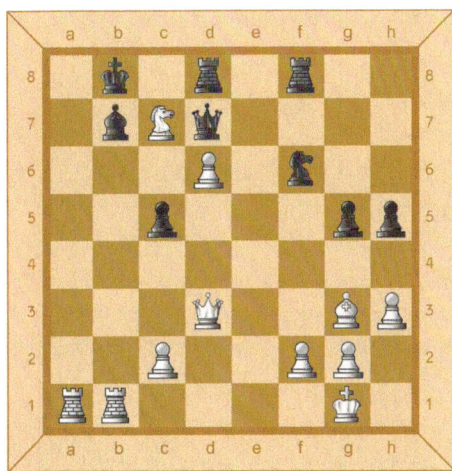

8

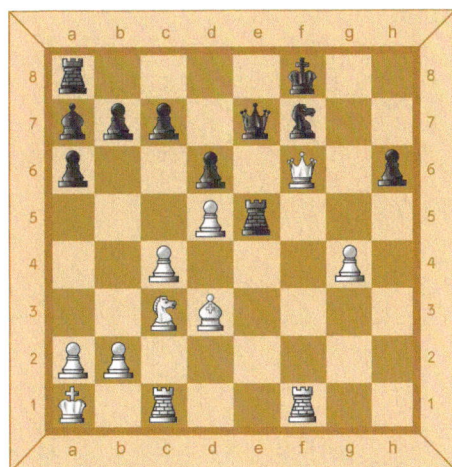

9

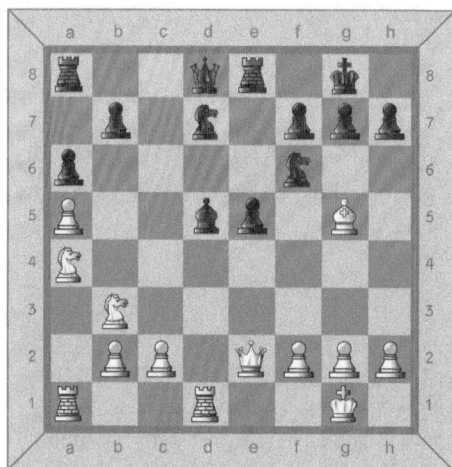

黑方先走，运用牵制（10-12题）。

10

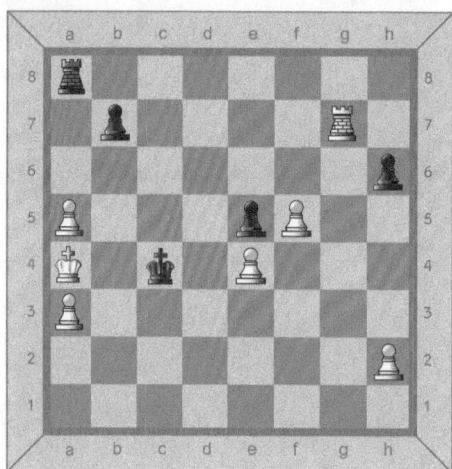

11

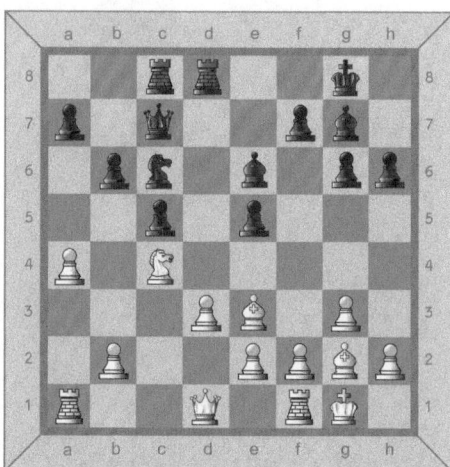

12

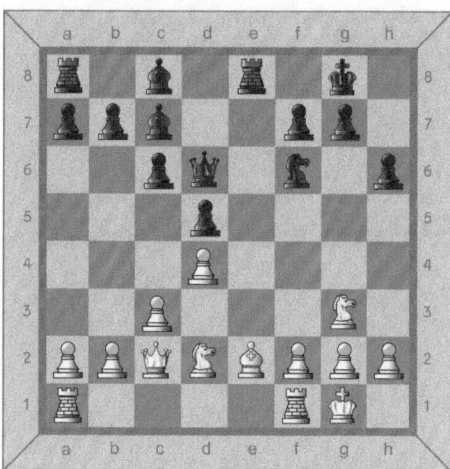

三、摆脱牵制

摆脱牵制是一个重要的反击手段，

攻守两方都应该时刻留意。**想要摆脱牵制，除了消除进攻方的威胁，还可以通过抢占先机，快速地将牵制线上的棋子走开，利用时间差，让进攻方来不及获得子力优势。**

这种抢占先机的走法，被称为"先手"。将军、制造杀王的威胁、交换棋子、攻击棋子等，都是先手。

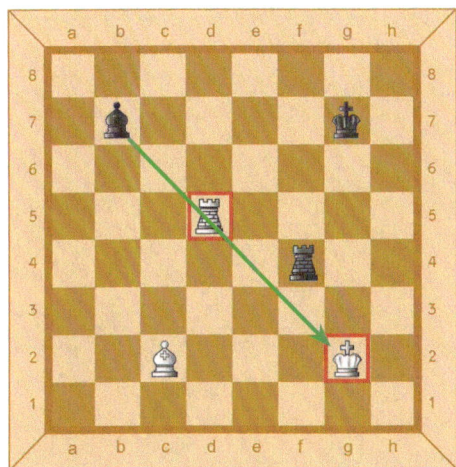

如图，白方先走。

白方在斜线上遭到了黑方的全牵制，并且车的价值高于象，即使保住车也会在交换中吃亏。幸好黑车离白王太近，给了白方先手摆脱牵制的机会。

白方可以走 **1.Kg3** 攻击黑车。这样一来，如果黑方吃车，白方也能吃车，打成平手；如果黑方逃车，白方也能逃车，成功摆脱牵制。

随堂练习

白方先走，摆脱牵制（13-15 题）。

13

14

15

黑方先走，摆脱牵制（16-18题）。

16

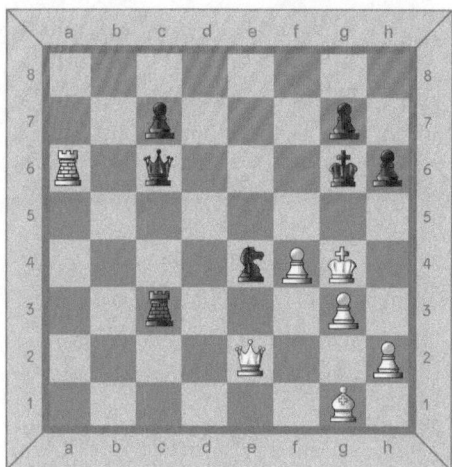

17

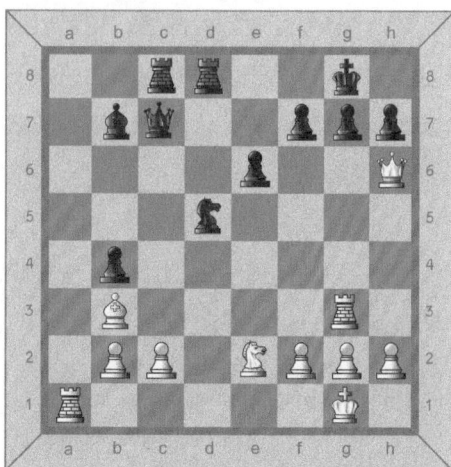

18

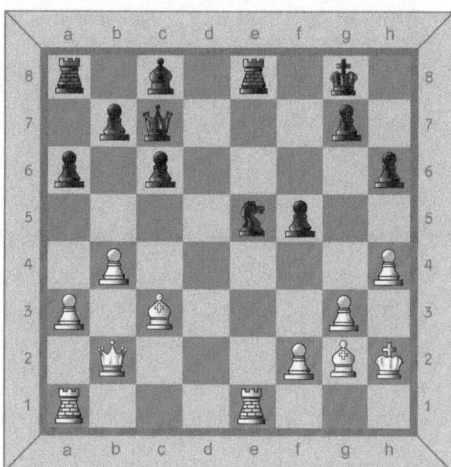

第七课

牵制的实战运用

划重点

学习常用开局
理解牵制的实战运用

这节课我们将要学习的开局中，既有击双战术，又有牵制战术的实战运用，让我们一起来看看吧。

意大利开局

1.e4 e5 2.Nf3 Nc6 3.Bc4 Bc5 4.c3 Nf6 5.d4

意大利开局开放变例，白方快速争夺中心，黑方需要应对正确。

5...exd4 6.cxd4 Bb4+

利用将军先手逃象，为黑方争取到宝贵的一步棋。

7.Bd2

在《国际象棋入门教程》中，我们曾学习过黑方 7...Bxd2+ 8.Nbxd2 d5 9.exd5 Nxd5 的走法，迅速反击中心，打散白方的中心连兵。这节课，我们来探讨黑方的另一种选择。

7...Nxe4

黑马吃掉无人保护的 e4 兵，白方该如何应对呢？

（一）错误的走法

8.Qe2

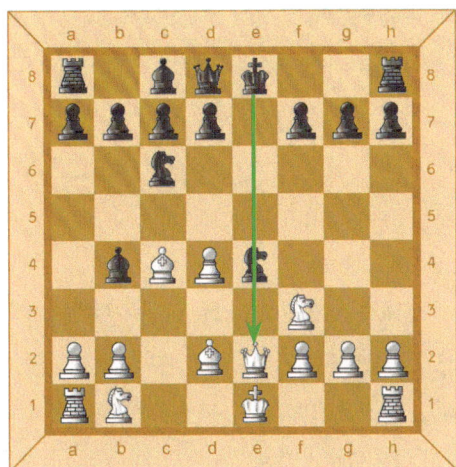

直接用后牵制黑马并不好，因为黑方可以采用如下走法。

8...d5

保住黑马的同时攻击白象，白方落入下风。

9.Bd3 0-0

黑王转移到安全的位置，黑马也足够安全不会被消灭。假如白方因为贪吃，走了如下走法。

10.Bxe4 dxe4 11.Qxe4

那么，黑方反而可以用牵制发动攻击。

11...Re8

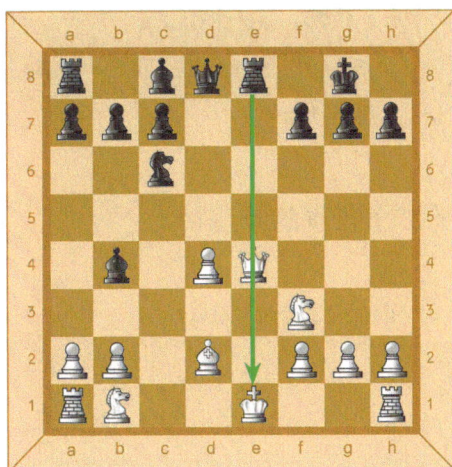

12.Ne5

即使白方用马阻挡，黑方也可以进一步攻击被牵制的白马。

12...f6

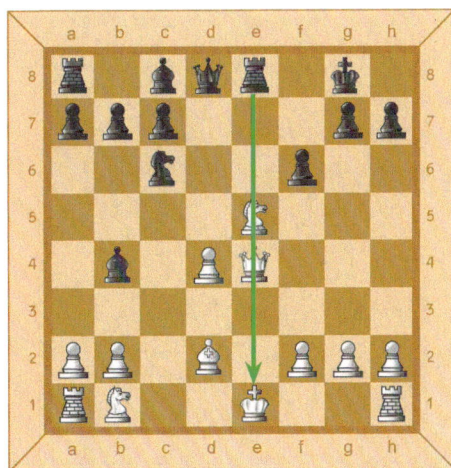

黑方获得多子优势。

或者 12...Bxd2+ 13.Nxd2 Qxd4 14.Qxd4 Nxd4 15.f4 f6，黑方同样获得多子优势。

其他不利的选择如下。

8.0-0 d5，黑方稍优；

8.d5 Nxd2 9.Nbxd2 Qe7+ 10.Be2 Ne5，黑方稍优。

（二）正确的走法

8.Bxb4 Nxb4 9.Bxf7+

白方弃象，为之后的战术做准备。

如果 9.Qb3 同时攻击黑马和黑兵，黑方可以 9...Qe7 同时守住，或者 9...d5 与白方互相攻击，在 10.Qxb4 dxc4 11.Qxc4 0-0 12.0-0 Re8 之后，黑方局面安全，兵型优于白方。

9...Kxf7 10.Qb3+

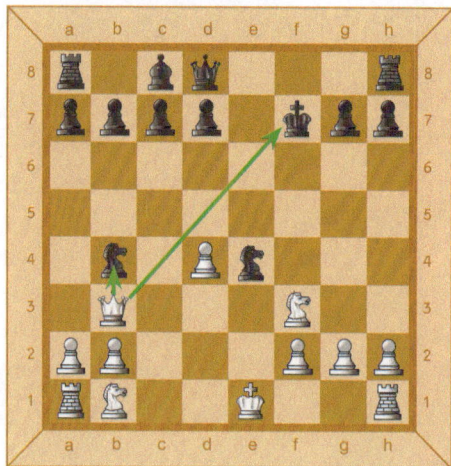

白后击双，同时攻击黑王和黑马，从而得回子力。通过这个先弃后取的走法，白方既吃回了弃兵弃子，又迫使黑王走动，失去易位的权利。

10...d5

对黑方来说非常关键的一步棋，

既可以占领中心 d5 格，又可以保护黑马，打开象路。

11.Ne5+

先将军，让黑王进退两难。

如果 11.Qxb4 直接吃马，黑方可以走 11...Rf8，准备 12.0-0 Kg8 形成"人工易位"，黑车在 f 线上发挥作用，黑方局面不错。

11...Ke6

黑车还未出动，黑王退去底线就挡住了车的去路。但王在中心同样很危险，黑方敢这么走，是因为留有后手。

12.Qxb4 Qf8

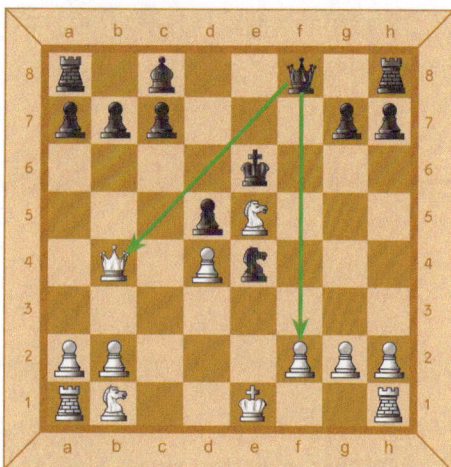

一步巧妙的走法，黑方同时威胁兑后和攻击白兵，白方无法一边逃后，一边守住兵，所以必须接受兑后。

13.Qxf8 Rxf8 14.f3 Ng5 15.Nc3 c6 16.0-0 Kd6

进入残局，黑王躲在兵链构建的屋檐下非常安全，双方平分秋色。

第八课

激光三兄弟：双将

划重点

学习掌握双将战术

一、双将战术

从这节课开始，我们要来认识激光三兄弟，先从特征最明显的老大"双将"开始吧！

激光三兄弟的原理：当三个棋子在同一条直线、横线或斜线上，其中一个棋子是防守方，另两个棋子是进攻方，靠后的棋子必须为长兵器。当靠前的棋子走开，靠后的棋子就能发动进攻。

投降吧，你死定了

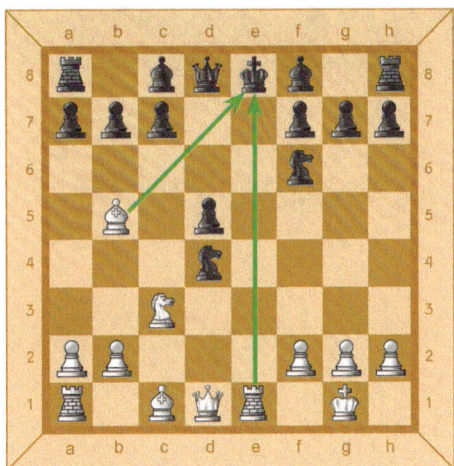

在这次攻击中，进攻方同时有两个棋子参与将军，就是双将战术。

双将的威力巨大，结果也更容易预料。以左图为例，黑方无法分别应对来自白车和白象的将军。如果垫住了白车，白象还在将军；如果吃掉了白象，白车也在将军。所以被双将的一方只能逃王，当无法逃脱时，即为将杀。

小贴士

双将的要点

1. 三个棋子在一条线上，两个我的，一个他的

2. 我的棋子中，靠后那个是长兵器：后、车或象

3. 他的棋子是王

4. 我把靠前的棋子走开，两个棋子一起将军

5. 被双将时只能逃王

二、典型手段

双将的强制性很高，因此经常被运用到连将杀中。

我们先来看一个经典的三步杀。

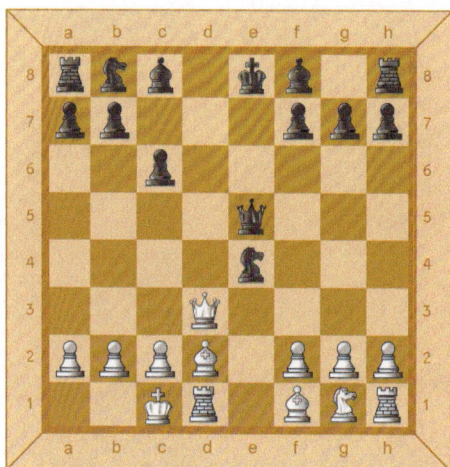

如图，白方先走。

观察局面后，我们会对白方在 d 线上的优势印象深刻，经过计算，白方运用双将进行杀王。

1.Qd8+ Kxd8

弃后，把黑王引入特定的格子，给双将创造条件。

必须考虑白象去哪里将军，如果 2.Ba5+ 的话，控制不住 e7 格，让黑王有机会逃脱。所以正确的走法如下。

2.Bg5+

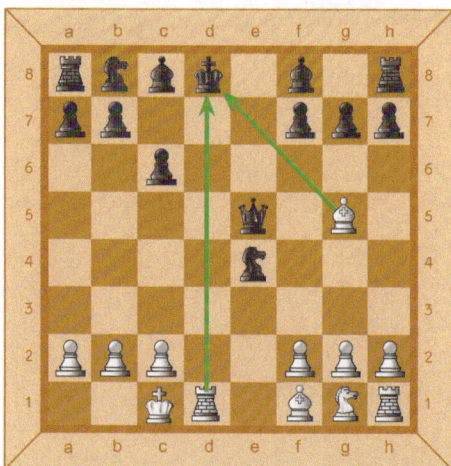

被双将时只能逃王，现在黑王有两个去处，但都难以挽回败局。

如果 2...Ke8，就 3.Rd8# 将杀。

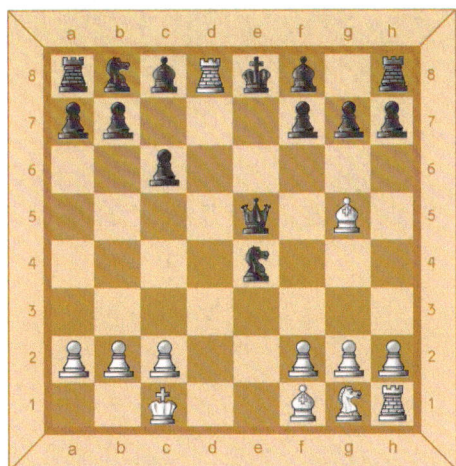

如果 2...Kc7，就 3.Bd8# 将杀。

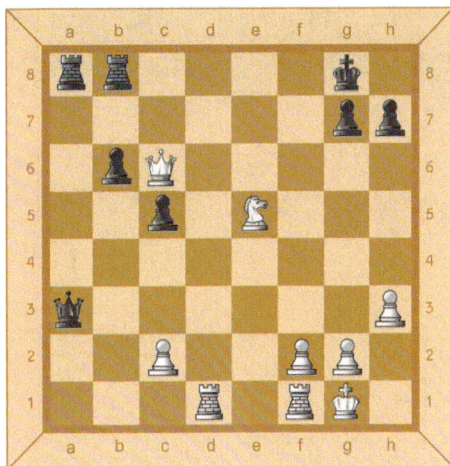

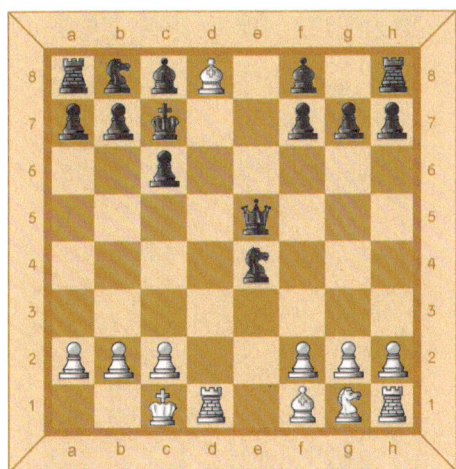

再来看一个后马配合的例子，被称为"菲利多尔杀法"。

如图，白方先走。

黑王缺乏守卫，白方决定利用这一点立即发动进攻。

1.Qe6+ Kh8

黑方不能走 1...Kf8，因为 2.Qf7# 杀王。

2.Nf7+ Kg8

三个棋子走在了一条线上，白方决定利用双将调整子力位置。

3.Nh6+

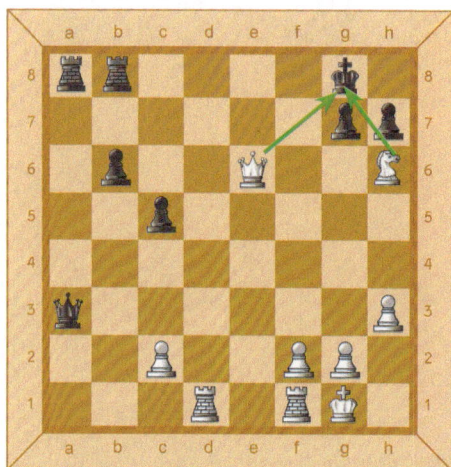

3...Kh8

还 是 不 能 3...Kf8，因 为 4.Qf7# 杀王。

4.Qg8+ Rxg8

后有马保护，所以黑方只能用车吃掉，但这样一来，就堵住了自己的王。

5.Nf7# 将杀。

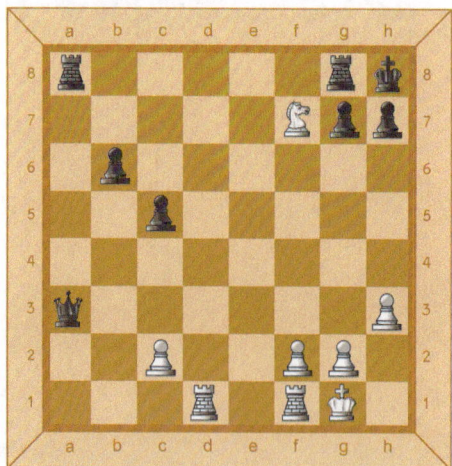

随堂练习

白方先走，运用双将（1-3题）。

1

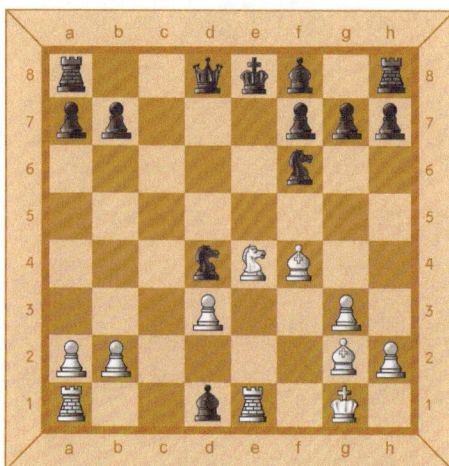

2

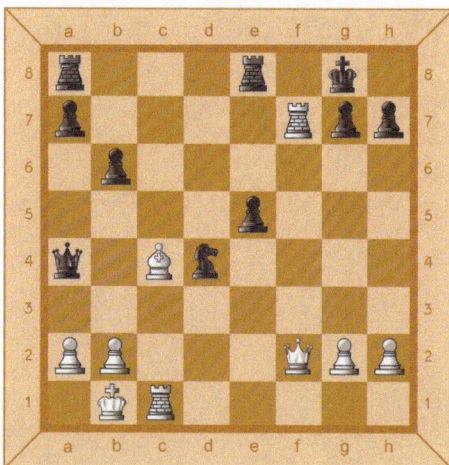

3

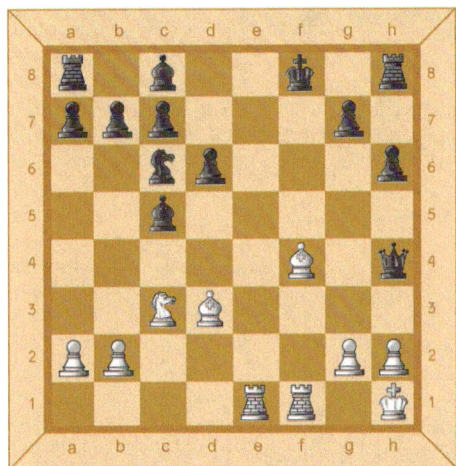

5

黑方先走，运用双将（4-6题）。

4

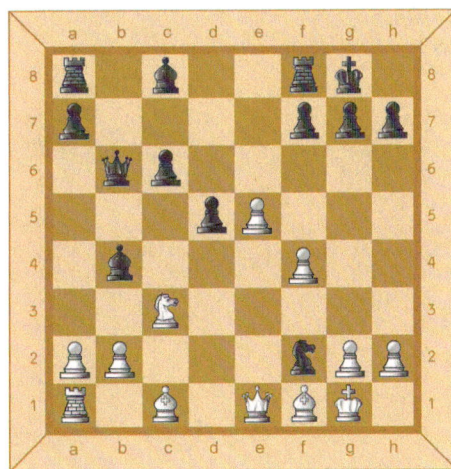

6

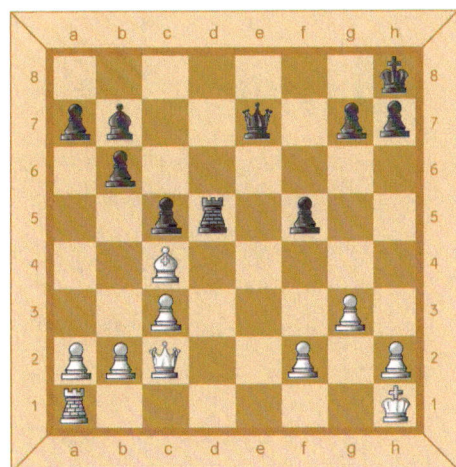

第九课

激光三兄弟：闪将和闪击

在学习过双将战术之后，相信大家一定对激光三兄弟的原理非常熟悉了。这节课我们继续来认识老二"闪将"和老三"闪击"。

一、闪将战术

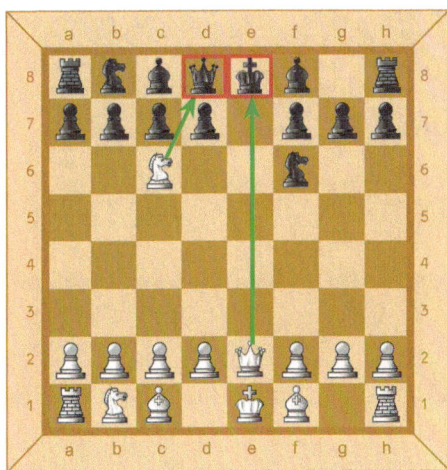

闪将战术的基本原理和双将一致，区别是在攻击中，进攻方有一个棋子参与将军，另一个棋子负责制造第二重威胁。

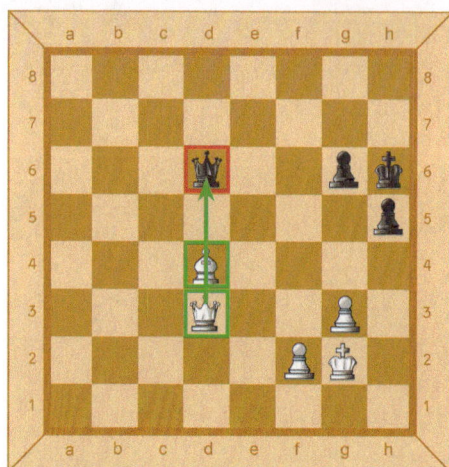

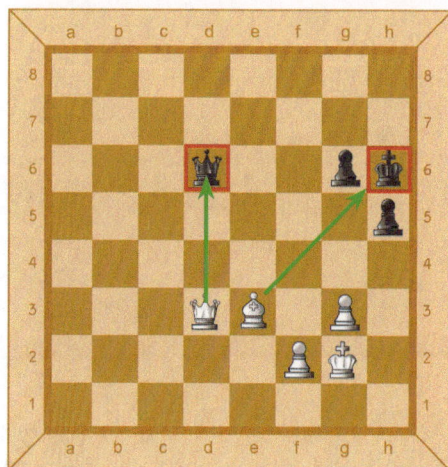

因为将军的时候必须应将，闪将同样带有强制性。

制造将军时，使用靠前或靠后的棋子都可以。**重点在于，前后两个棋子要产生不同的威胁，攻击到对方两个目标。**这样一来，将会极大地增加防守难度。

小贴士

闪将的要点

1. 三个棋子在一条线上，两个我的，一个他的

2. 我的棋子中，靠后那个是长兵器：后、车或象

3. 我把靠前的棋子走开，一个将军，一个制造

不同的威胁

随堂练习

白方先走，运用闪将（1-3 题）。

1

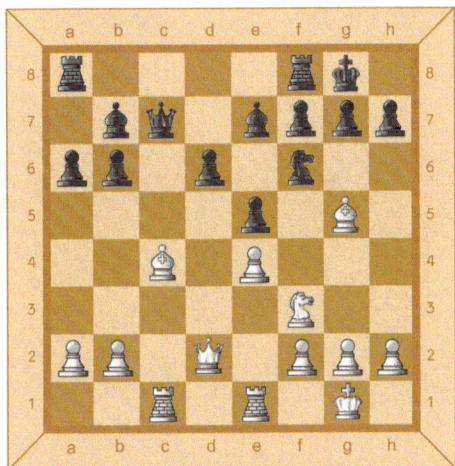

2

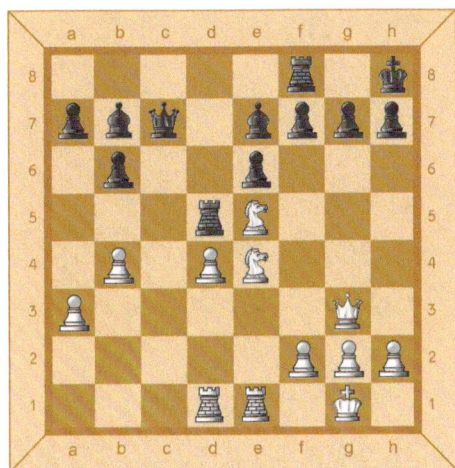

3

黑方先走，运用闪将（4-6 题）。

4

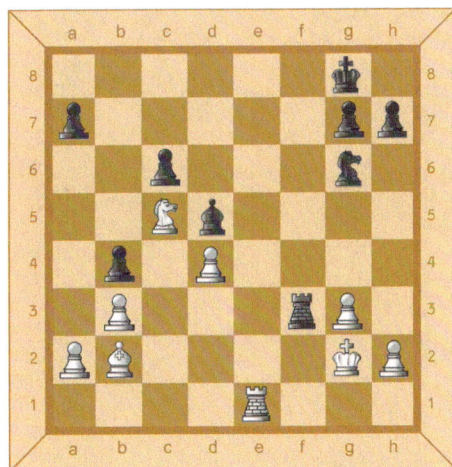

5

6

二、闪击战术

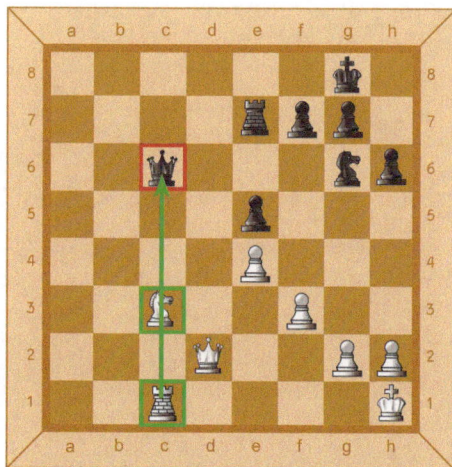

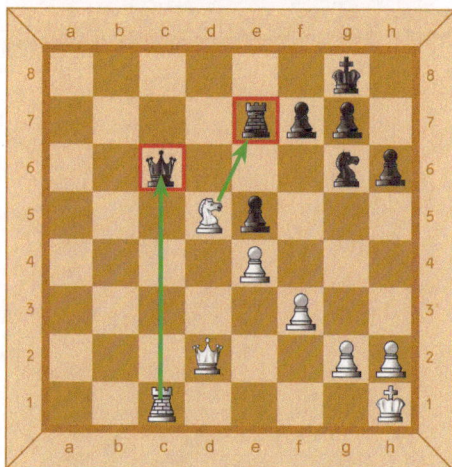

闪击战术就是没有将军的闪将，闪击同样需要把棋子移开，前后两个棋子一起配合，同时攻击对方两个目标。

因为没有将军，闪击威力低于闪将，但更为常见。**通常用比对方价值更低的棋子去实施闪击，获得子力优势。**

许多时候，我们会把"闪将"和"闪击"统称为"闪击"。

随堂练习

白方先走，运用闪击（7-9题）。

7

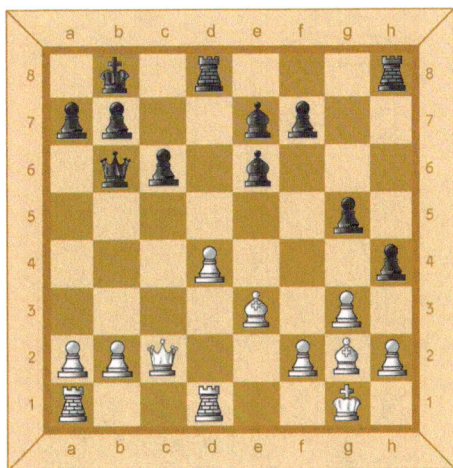

小贴士

闪击的要点

1. 三个棋子在一条线上，两个我的，一个他的

2. 我的棋子中，靠后那个是长兵器：后、车或象

3. 他的棋子价值较高

4. 我把靠前的棋子走开，两个棋子攻击对方两个目标

8

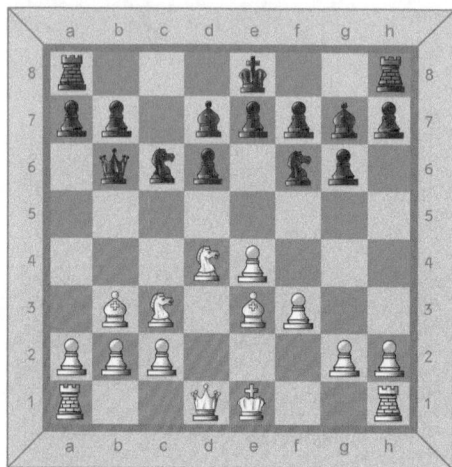

黑方先走，运用闪击（10-13题）。

10

9

11

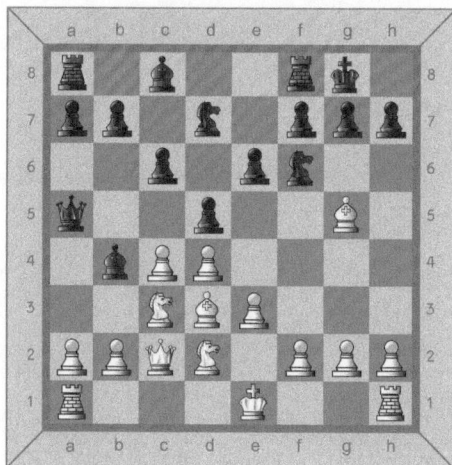

12

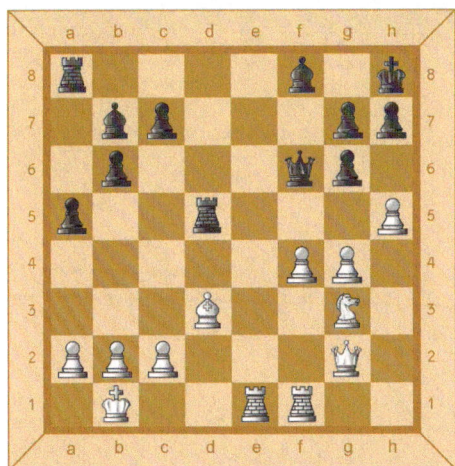

13

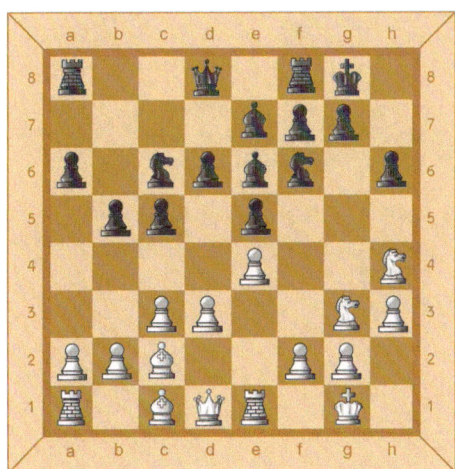

闪击的实战运用

划重点

学习常用开局

理解闪击的实战运用

这节课，我们将要学习王兵体系中的苏格兰开局，这是一种非常符合开局原理的走法，双方围绕着中心展开争夺，其中有对闪击战术的充分运用，让我们一起来看看吧。

苏格兰开局

1.e4 e5 2.Nf3 Nc6 3.d4 exd4 4.Nxd4

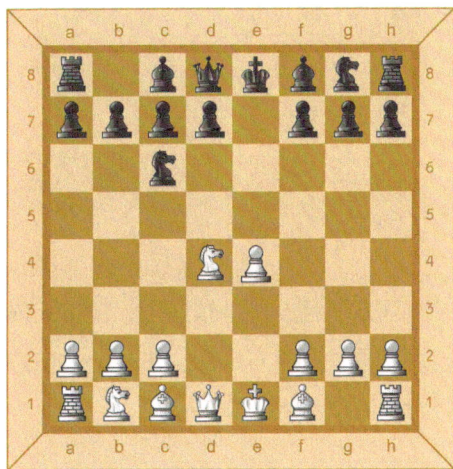

苏格兰开局的起始局面。

此时黑方不能走 4...Nxd4 5.Qxd4 兑马，这样虽然能迫使白方过早出后，但黑方很难利用这一点，反而失去对中心的控制权。如果冲兵 5...c5 抓后，会破坏己方的兵型；如果 5...Nf6 6.e5，黑马处境尴尬。

4...Nf6 5.Nc3

73

另一种选择是 5.Nxc6 bxc6 6.e5

5...Bb4

出象的同时攻击白马，从而威胁 e4 兵。白方也想出象到 d3 进行保护，但在这之前，先要解决 d4 马的问题。

6.Nxc6 bxc6 7.Bd3 0-0 8.0-0 d5 9.exd5 cxd5 10.Bg5

双方在经过一番较量后，基本完成出子和易位，黑方成功反击中心，白方仍然在制造威胁。

（一）错误的走法一

10...h6

许多初学者喜欢在对方出象牵制时冲兵去攻击，这个想法本身没有问题，但在这里是行不通的，因为没有预防白方的威胁。

11.Bxf6

白方吃马，消除黑方对 d5 兵的保护。

如果 11...Qxf6 12.Nxd5，白方得兵，黑方不能 12...Qxb2 吃兵，因为有 **13.Rb1** 串击。

如果 11...gxf6 也不行，既损坏了王前兵，也保护不了 d5 兵，因为此时白方有一个闪击战术：**12.Nxd5 Qxd5 13.Bh7+**。

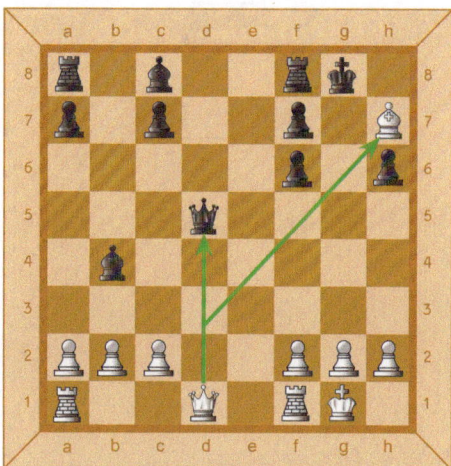

所以黑后其实不敢吃掉白马，那么白方不仅多兵，黑王还非常危险。

（二）正确的走法

10...c6

黑方冲兵保护 d5 兵，坚固自己的中心兵链。

在这个局面中，白方有许多应对方法，最常见的走法是 11.Qf3，黑方可以走 11...Bd6 或者 11...Be7，局势复杂。

这节课，我们来探讨白方的一个陷阱。

11.Re1

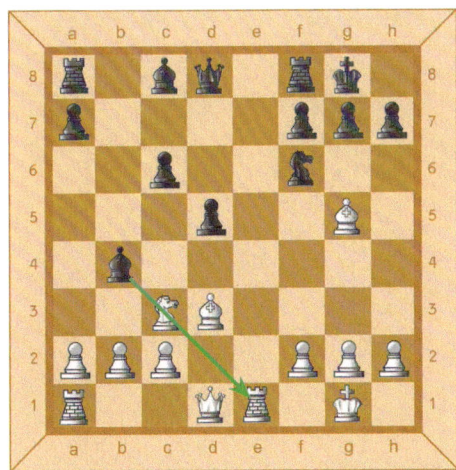

这步自然的走法，看上去无意间将白车走到了黑象的攻击范围中，那么黑方可以利用这个牵制获得子力优势吗？

（三）错误的走法二

11...d4

中计了！黑方冲兵攻击被牵制的白马，但这样一来，就失去了对 e4 格的控制，白方趁机弃子对黑王发动进攻。

12.Ne4 Bxe1 13.Nxf6+ gxf6 14.Qh5

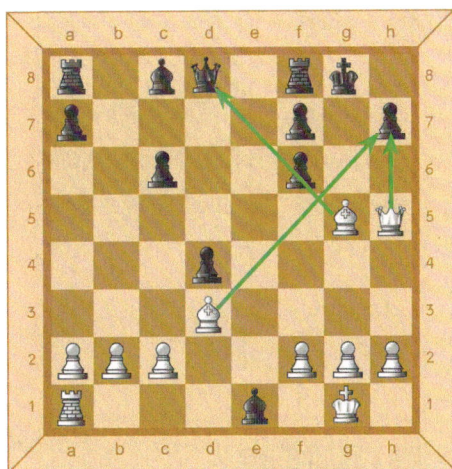

白方虽然少车，但后和象迅速对黑王发动攻击，威胁在 h7 制造杀王，又因为黑格象的牵制，黑方无法冲兵阻挡。

14...Re8 15.Qxh7+ Kf8 16.Qh8+ Ke7 17.Qxf6+ Kd7

黑王被赶出王城，不能走 17...Kf8 逃回去，因为 18.Qh8# 杀王。

18.Qxd4+

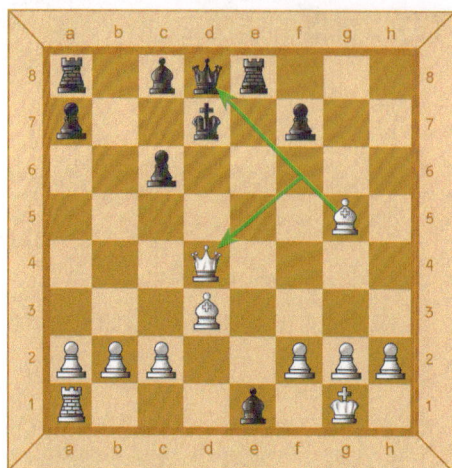

再一次闪击，白方赢得黑后。

18...Kc7 19.Bxd8+ Rxd8 20.Qf4+

通过将军，先手把后逃到安全的地方。

20...Rd6 21.Rxe1

白方子力优势巨大。

（四）正确的走法

11...h6

冲兵攻击白象是正确的策略，只要 d5 兵坚守不动，白马就无法威胁到黑王。

12.Bh4 Bd6

既然无法利用牵制战术得子，黑象在 b4 的作用就微乎其微，可以调整到更好的位置上来。

13.Qf3 Rb8 14.Rab1 Be6

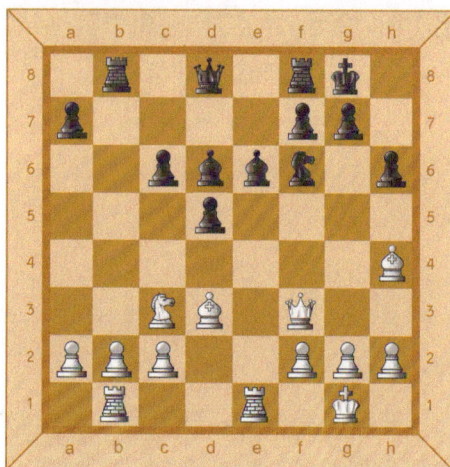

黑方不怕王翼形成叠兵，这样会兑去皇后，虽然兵型有损，但黑王是安全的，而黑方的双象和中心兵足以提供充分的补偿。这是双方都可以尝试的局面。

第十一课

唇亡齿寒：消除保护

划重点

学习掌握消除保护战术

一、消除保护战术

这节课我们要来学习一个新的战术：消除保护。

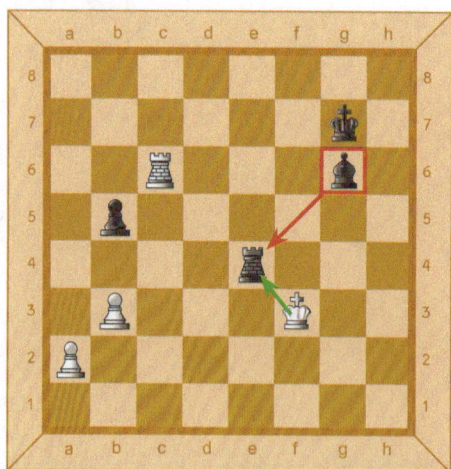

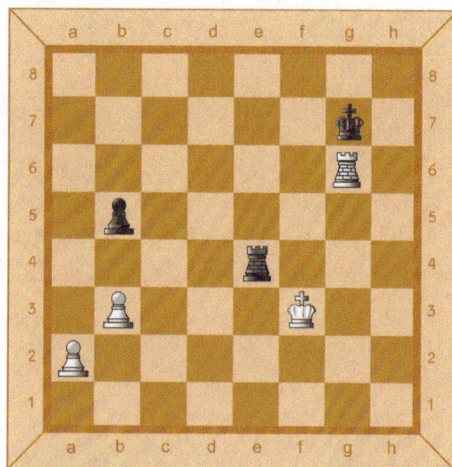

当我们在攻击目标 A 时，常常会发现 A 有其他子力保护，例如 B。如果我们可以先消除正在保护 A 的棋子 B，就可以进一步实现我们的攻击目标，这就是消除保护战术。

A 可以是一个棋子，也可以是杀王的威胁，而 B 被称为"保护子"。

如图，白方先走。

小贴士

消除保护的要点

1. 攻击目标 A，发现保护子 B

2. 先消除 B，再攻击目标 A

3. 有吃子、驱赶和引离 3 种方法

白王正在攻击黑车，但黑车有黑象保护。于是我们先走 **1.Rxg6+**，将军的同时消除黑象。这样一来，黑车就失去保护，白王可以在下一步吃掉它了。

消除保护时，需要使用强制手段，通常有吃子、驱赶和引离 3 种方法。

看还有谁保护你们

二、吃子消除保护

吃子是消除保护的好方法，因为防守方的保护子 B 直接被吃掉，即使重新加强对于目标 A 的防守，也已经损失子力了。

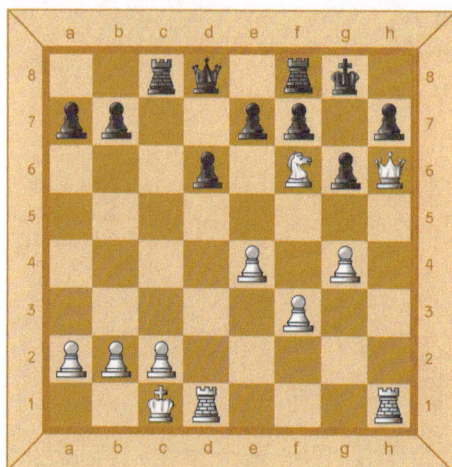

如图，白方先走。

白后想要在白车的配合下，吃掉 h7 兵杀王，但黑马正在保护黑兵，所以白方可以用吃子的方式消除保护，走 **1.Nxf6+**，再 **2.Qxh7#** 杀王。

随堂练习

白方先走，消除保护（1-3 题）。

1

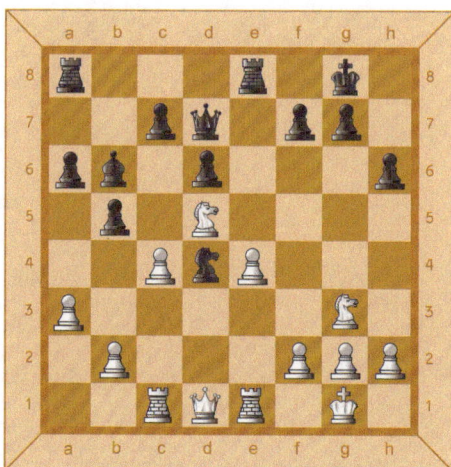

2

3

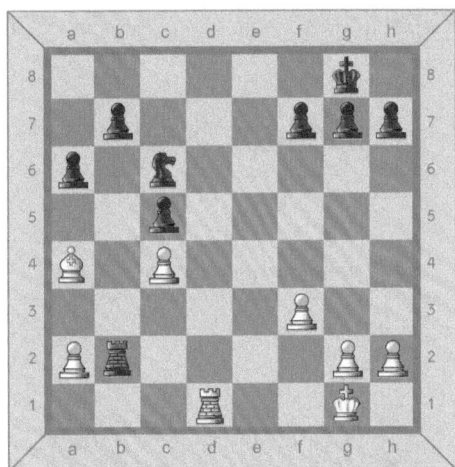

黑方先走，消除保护（4-6题）。

4

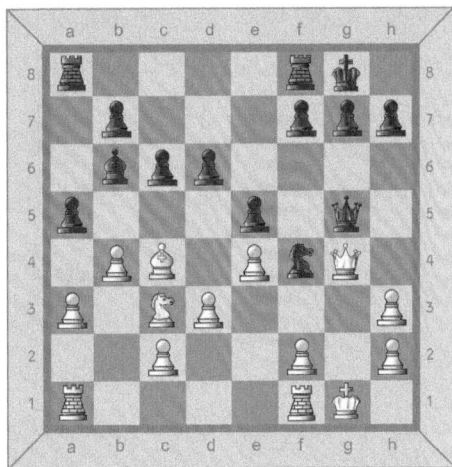

5

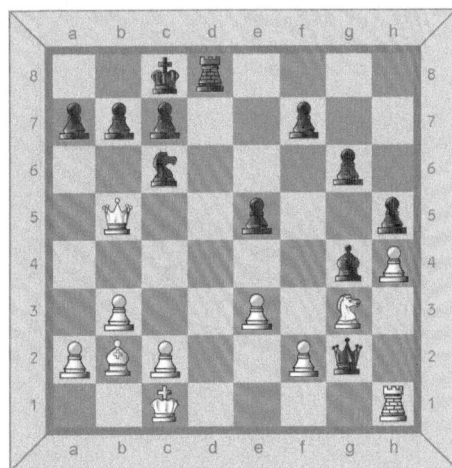

6

三、驱赶消除保护

驱赶消除保护，是指通过攻击保护子B，迫使防守方要么失去保护子B，

要么无法防守目标 A。

值得注意的是，因为想通过吃掉 B 来获得子力优势，**在进行驱赶时，需要用价值较小的棋子去攻击它。**

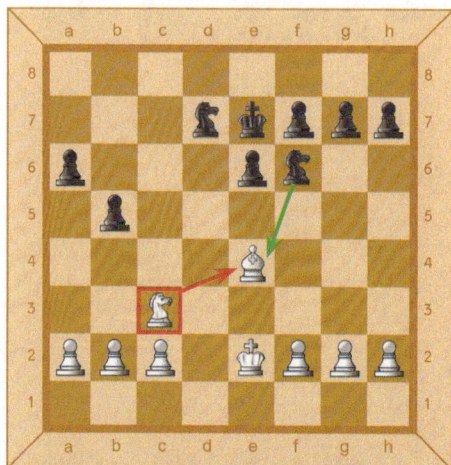

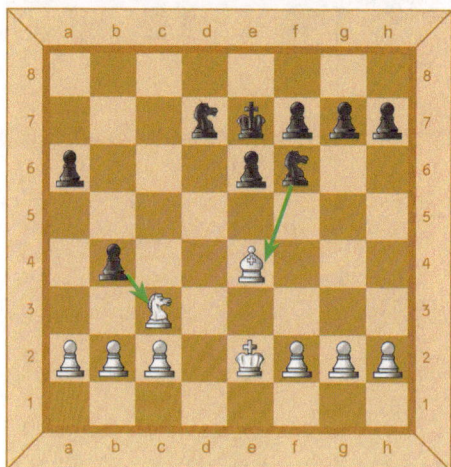

如图，黑方先走。

黑马正在攻击白象，但白象有白马保护。黑方可以用驱赶的方式消除保护，先走 **1...b4** 攻击白马，迫使白马走开。白方陷入两难的境地，无法同时保

全白马和白象。

随堂练习

白方先走，消除保护（7-9题）。

7

8

9

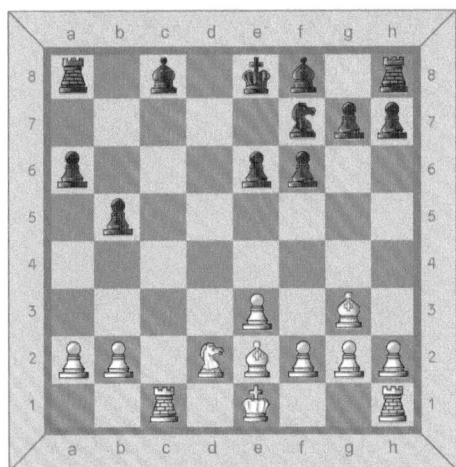

黑方先走，消除保护（10-12 题）。

10

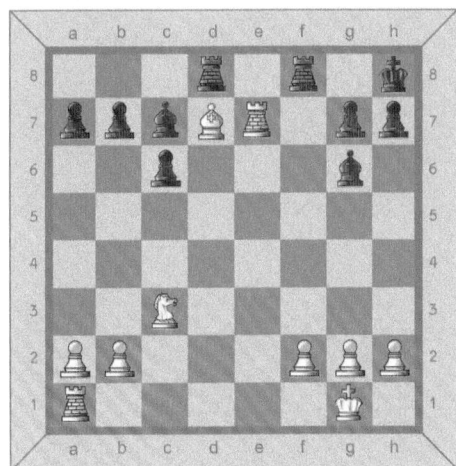

11

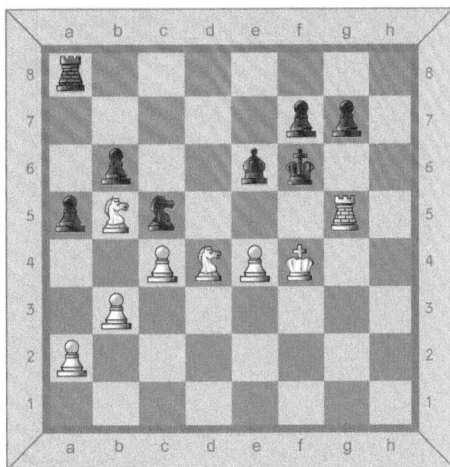

12

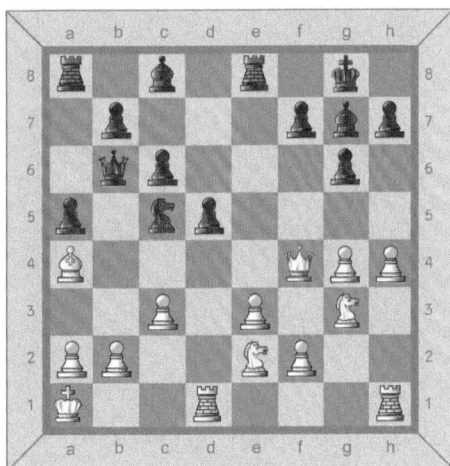

四、引离消除保护

运用引离的方法消除保护，是指用
强制手段将保护子 B 引开，使它不能再

保护目标 A，从而实现我们的攻击。

通常会使用吃子或弃子的方式，而最终目的是吃掉 A 获得子力优势，或者在 A 这个格子达成杀王。

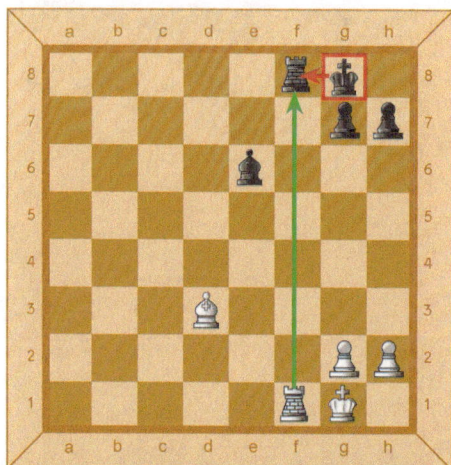

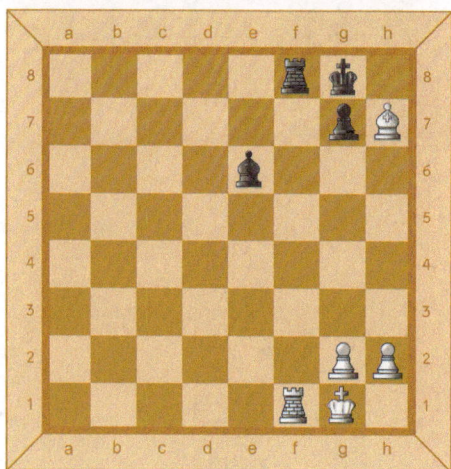

如图，白方先走。

白车可以吃掉黑车，但黑车有黑王保护。所以，白方通过引离的方式消除保护，走 1.Bxh7+ 弃象，迫使黑王离开，再吃掉黑车。

我们会发现，想要通过吃掉 A 获得子力优势，那么弃子引离 B 的时候，付出的代价一定要小于 A 的价值。

随堂练习

白方先走，消除保护（13-15 题）。

13

14

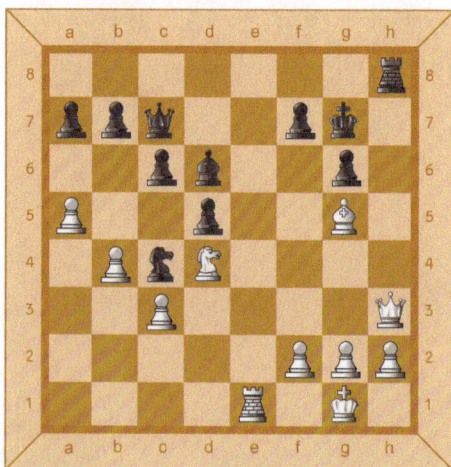

15

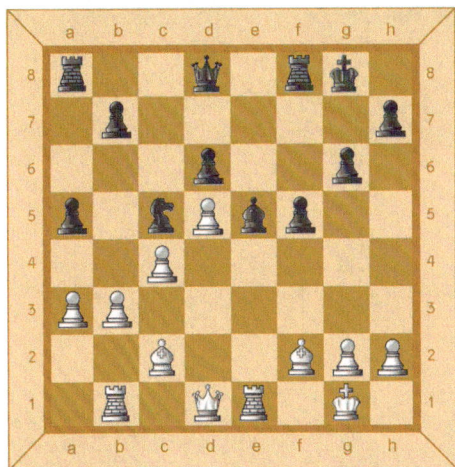

黑方先走，消除保护（16-18题）。

16

17

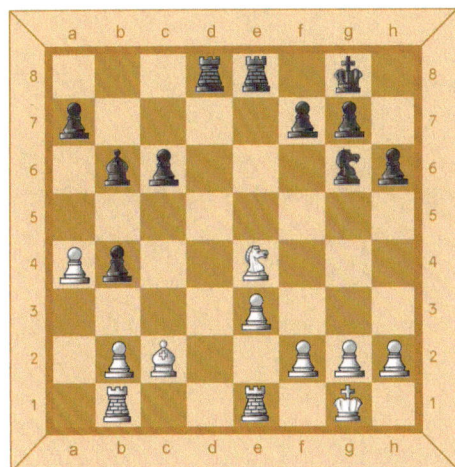

18

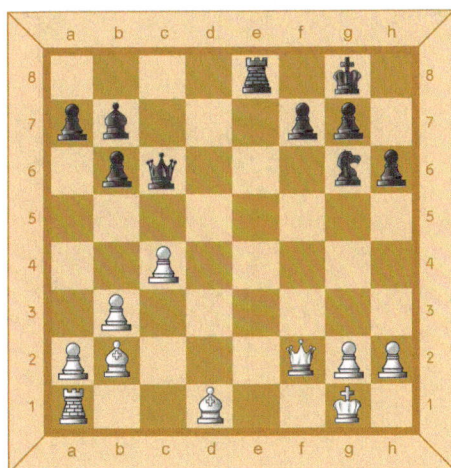

第十二课

消除保护的实战运用

划重点

学习常用开局

理解消除保护的实战运用

在学习了消除保护战术之后，我们会发现，在下棋时不能简单地以棋子有没有保护来判断安全，因为对方有时可以"消除保护"。这就需要我们提高计算能力，思考走法时有来有回，尽量避免错漏。

这节课，我们将要学习王兵体系中的四马开局和其中对消除保护的运用。

四马开局

1.e4 e5 2.Nf3 Nc6 3.Nc3 Nf6
4.Bb5

因为开局先跳四个马，所以被形象地称为四马开局。

（一）错误的走法一

4...a6
常见错误，这个局面非常容易和西班牙开局混淆。

我们先来看一下西班牙开局的走法：1.e4 e5 2.Nf3 Nc6 3.Bb5。

在这个时候，黑方可以走 3...a6，因为白方 4.Bxc6 dxc6 5.Nxe5 吃兵，黑方有 5...Qd4 击双。

黑后能够把兵吃回，对白方没有好处。

回到四马开局中来，在双方多跳了马的情况下，黑方这么走就不好了。

5.Bxc6 dxc6 6.Nxe5

白方同样是兑马消除保护，然后吃掉 e5 兵。此时黑方再走 6...Qd4 用处就不大了。

因为白方的 c3 马正在保护 e4 兵，所以 7.Nf3 逃走并且反抓黑后，黑方来不及吃兵。

相对来说，比较好的走法如下。

6...Nxe4 7.Nxe4 Qd4

黑方先弃后取，制造有效的击双。

8.0-0 Qxe5 9.d4 Qd5 10.Re1

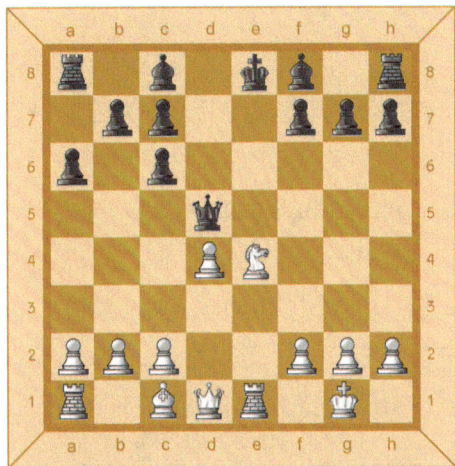

黑方虽然吃回了兵，但在兵型和出子上仍然是白方占优。

（二）正确的走法

4...Bb4

黑方同样出子攻击白马，准备和白方一样兑马吃兵，打消白方的优势。

5.0-0 0-0 6.d3 d6 7.Bg5

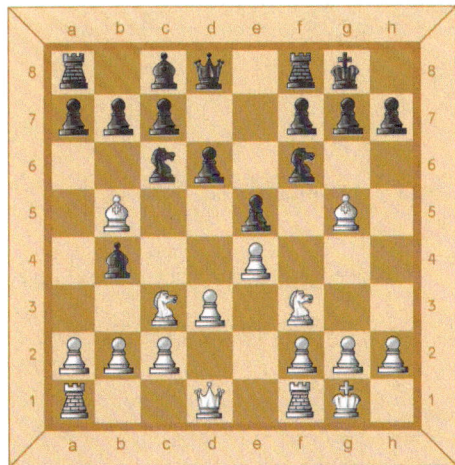

因此，白方不会选择大交换，而是自然地易位和出子，发展局势。

（三）错误的走法二

7...h6

又一次时机错误地抓象，落入白方的圈套。

8.Bxf6 Qxf6 9.Nd5

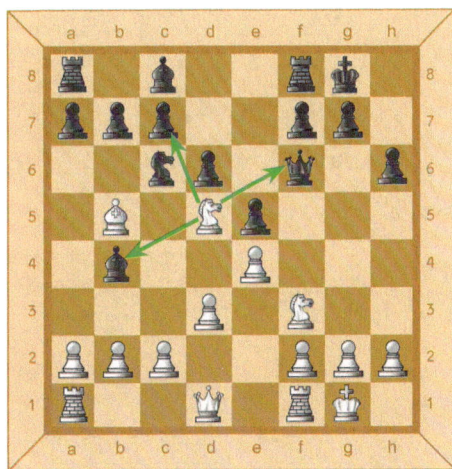

白方马踏中原，实施击双战术，同时攻击黑后、黑象和黑兵。

9...Qd8

逃后的同时守住兵，黑象在黑马的保护下看似安全，但别忘了，白方可以消除保护！

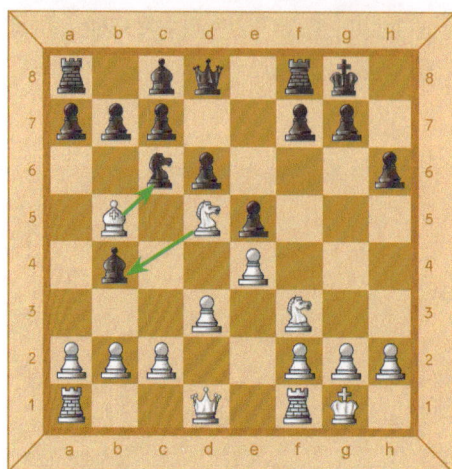

10.Bxc6 bxc6 11.Nxb4

白方赢得子力优势。

11…a5 12.Nxc6 Qe8 13.Nxa5
Rxa5

黑方最顽强的走法可以吃回白马，但白方保留多两兵的子力优势。

（四）错误的走法三

7…Bg4

在对称的局面中，黑方模仿白方的走法也不是明智的选择，因为白方先走棋，主动权永远掌握在白方手中。

8.Bxf6 Bxf3 9.Qxf3 Qxf6

现在轮到白方走棋，白方可以主动吃后，而黑方却不能，这就是模仿的坏处。

10.Qxf6 gxf6 11.Nd5

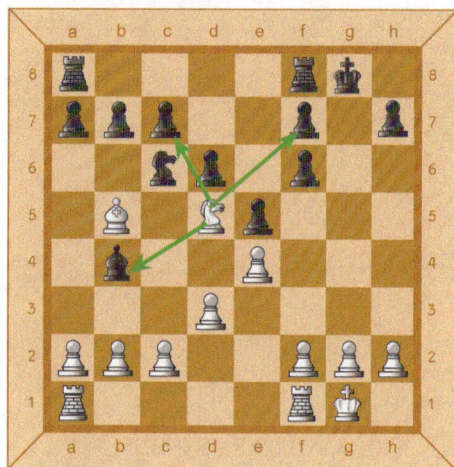

熟悉的跳马击双，白方至少可以赢得一个兵。

（五）正确的走法

回到之前的局面，已知白方的威胁是 Nd5，黑方正确的选择是进行预防。

7…Bxc3

兑去白方威力最大的马。

8.bxc3 Qe7 9.Re1

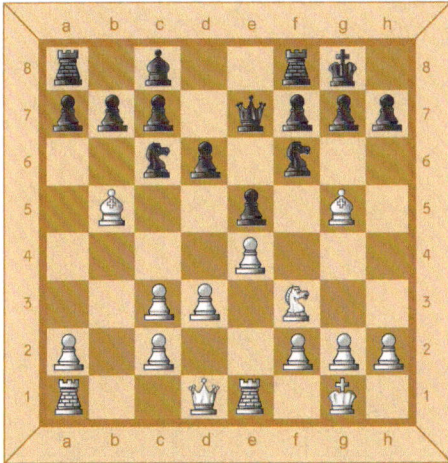

白方有双象优势，但中心较为封闭，双象的威力不明显，仍然是双方都可以尝试的局面。

肉包子打狗：引离

学习掌握引离战术

一、引离战术

在学习消除保护时，我们接触到了引离，这节课就让我们详细地学习一下。

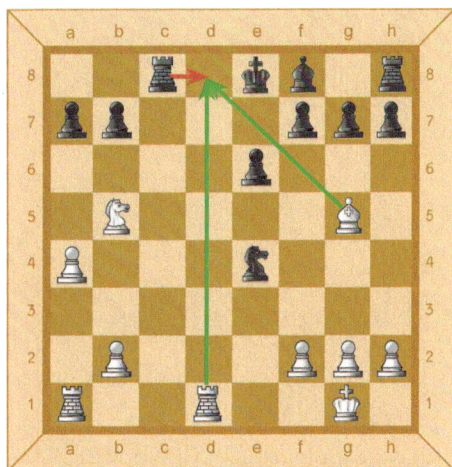

引离战术，是指用强制手段将对方棋子从现在的位置上引开，使对方棋子不能完成原先的职责，而进攻方获得子力优势或实现将杀。

如上一页图，白方先走。

白方的车和象在 d8 格构成杀王的威胁，但黑车阻碍了白方的进攻。观察到白马也可以加入战局，并且在将军时，黑王无处可逃。

所以白方走 1.Nc7+，黑方别无选择，只能 1...Rxc7 吃马。这样的话，黑车被迫从底线上离开，白方 2.Rd8# 将杀。

在实施战术前，我们要仔细分析局面，先确认自己真正的进攻目标，发现对方有碍事的棋子后，再进一步思考能否使用引离的方法解决问题。

需要注意的是，想要引离必须使用强制手段，让对方不得不离开，例如将军、杀王的威胁、吃子和攻击棋子。在可以选择的情况下，对方未必会吃下这个诱饵，不能抱有侥幸心理。

小贴士

引离的要点

1. 先确认真正的进攻目标

2. 将阻碍进攻的棋子引开

3. 提前想到希望达成的局面

4. 必须使用强制手段

二、针对超负荷进行引离

在许多情况下，之所以可以运用引离，是因为防守子处于超负荷的状态。就像一个人不能同时往两条分岔路走，一个棋子也不能。

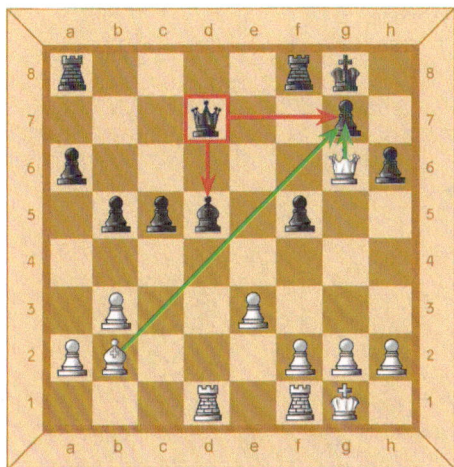

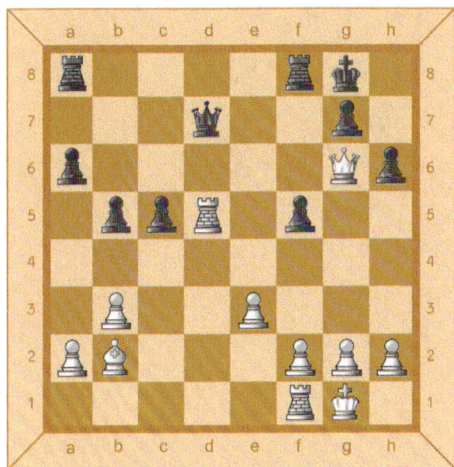

如图，白方先走。

局面中的黑后就处于一个超负荷的状态，它需要同时防守 g7 兵和 d5 象，但这是两个不同的方向。所以，白方就可以利用这一点进行引离。

走 1.Rxd5 吃掉黑象，黑方如果不吃回来，会损失子力。如果 1...Qxd5 吃回来，就会遭到 2.Qxg7# 将杀。

随堂练习

白方先走，运用引离（1-3题）。

1

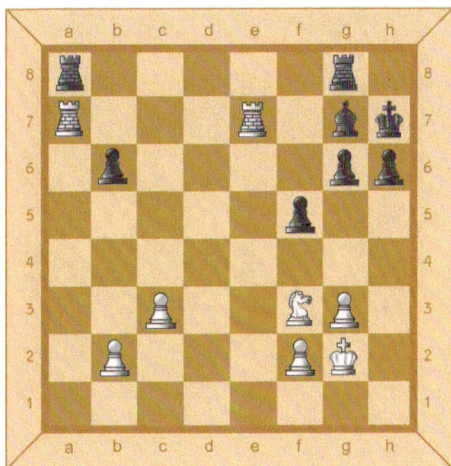

2

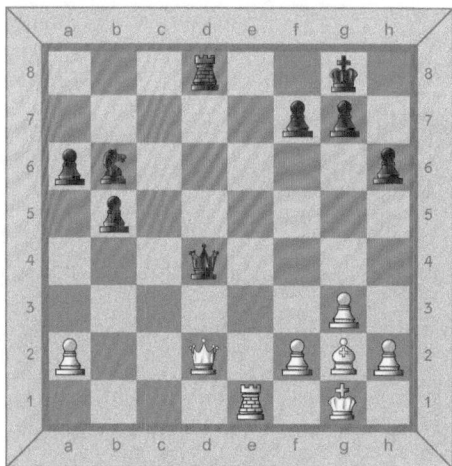

黑方先走，运用引离（4-6题）。

4

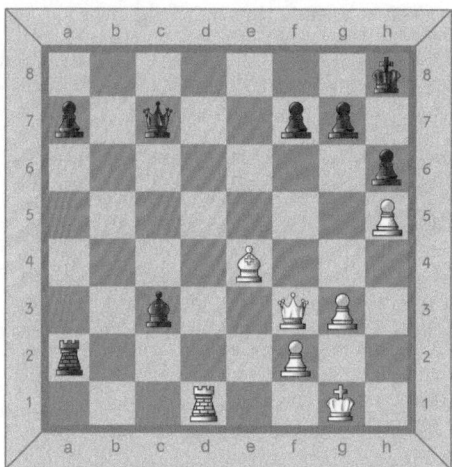

3

5

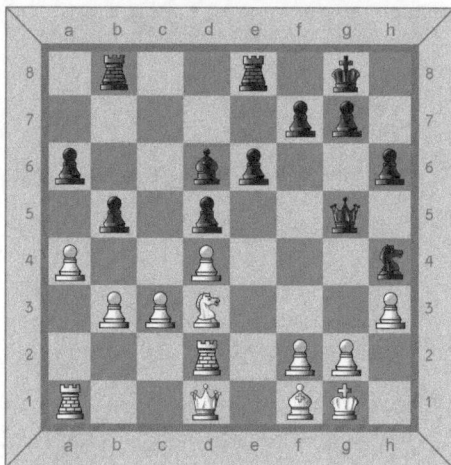

6

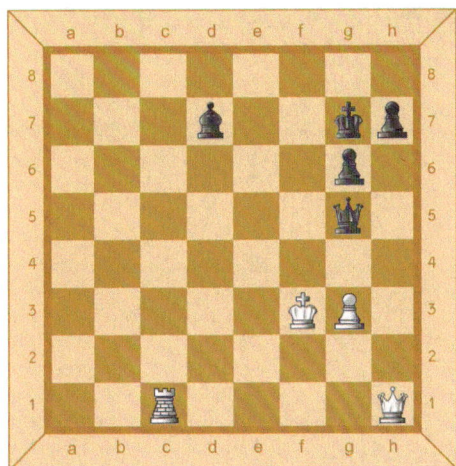

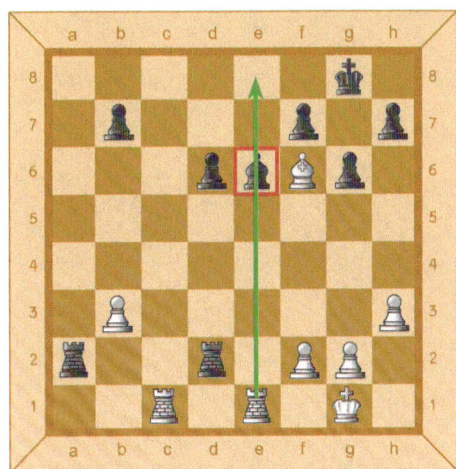

如图，白方先走。

如果不是黑象的阻挡，白方就可以车到底线进行将杀了。经过计算后，白方决定先牺牲另一只车，引离黑象。

走 1.Rc8+ 将军，黑方必须 1...Bxc8 吃车，白车不再有阻力，直接 2.Re8# 将杀。

三、针对阻挡进行引离

有时候，对方的棋子阻挡了进攻的线路，我们也可以想办法把它引离。

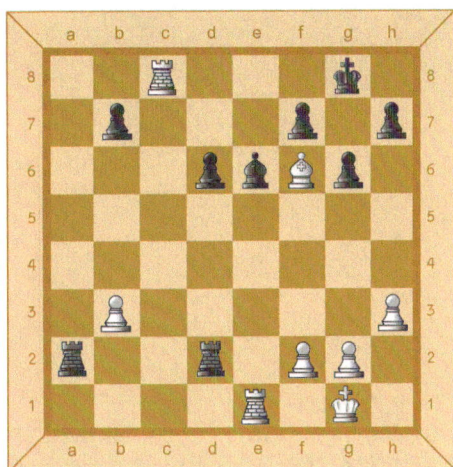

随堂练习

白方先走，运用引离（7-9题）。

7

8

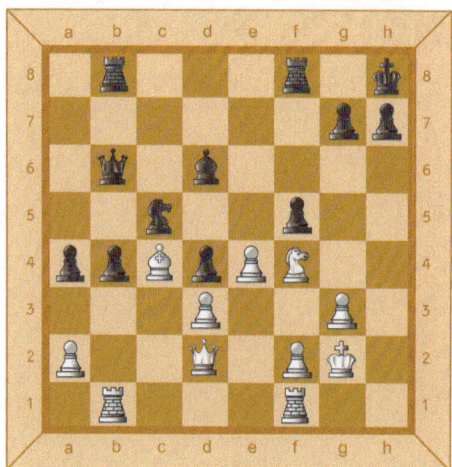

9

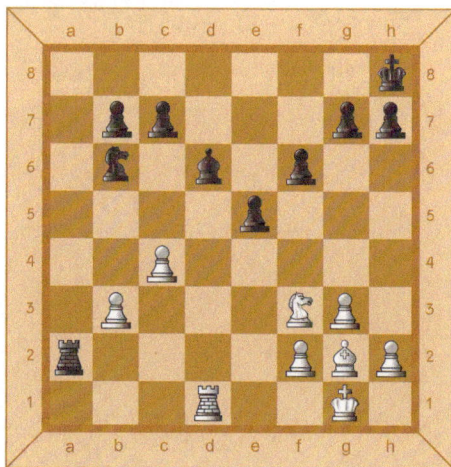

黑方先走，运用引离（10-12题）。

10

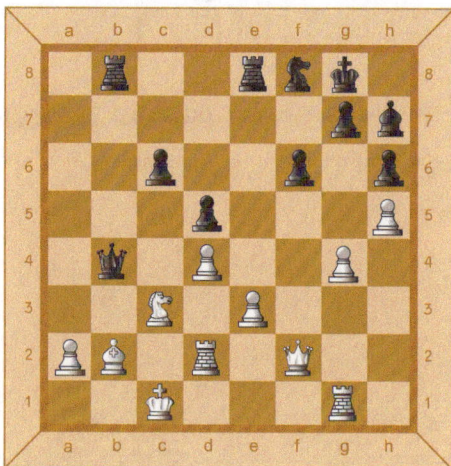

11

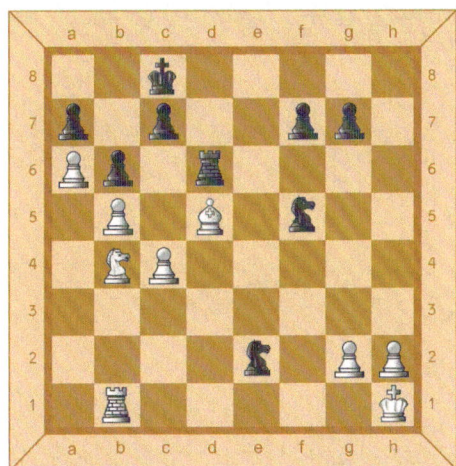

12

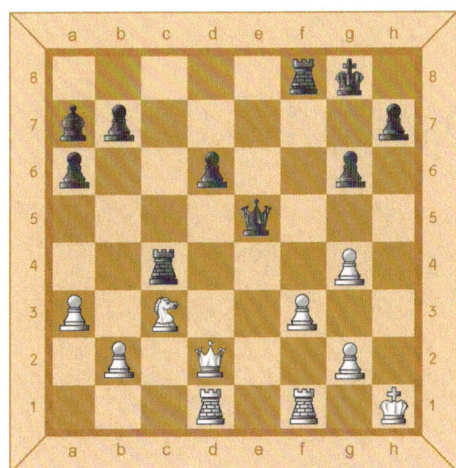

第十四课

引离的实战运用

学习常用开局

理解引离的实战运用

这节课，我们将要见到一类新的开局：西西里防御。这是目前世界上最流行的开局体系之一，走法复杂，包含了许多大小分支变化。我们选取其中一个变例，结合对引离战术的运用，一起来学习。

西西里防御：史密斯·莫拉弃兵

1.e4 c5 2.d4 cxd4 3.c3 dxc3 4.Nxc3

白方弃兵，获得更快速的出子作为补偿。这种走法被称为西西里防御：史密斯·莫拉弃兵，简称西西里弃兵。

4...d6

黑方必须小心应对，不能直接走4...Nf6，因为白方冲兵5.e5，黑马处境尴尬，只能5...Ng8退回原位，6.Nf3 Nc6 7.Bc4，白方出子占优。

5.Bc4

白方先出象蕴含威胁，黑方该如何应对呢？

（一）错误的走法

5...Nf6

看似自然的出子并不是最佳选择，因为白方有一连串的引离战术。

6.e5

固执地冲兵抓马，而黑方不能6...dxe5 吃兵。

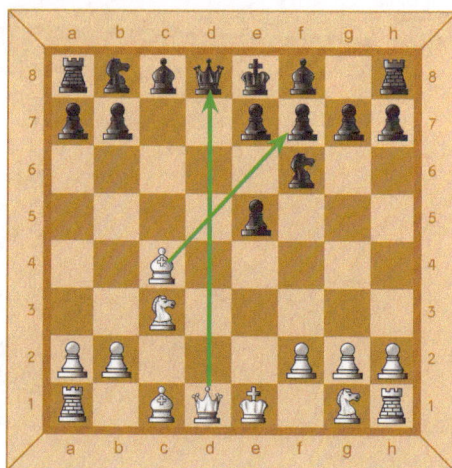

因为白方有 7.Bxf7+ Kxf7 8.Qxd8，通过引离战术得子。

相对安全的走法是：

6...Nfd7 7.Nf3 dxe5

还是不能 7...Nxe5，因为同样的引离战术：8.Nxe5 dxe5 9.Bxf7+ Kxf7 10.Qxd8，白方得子。

8.Bxf7+

白方暴力弃子。

8...Kxf7 9.Ng5+ Ke8 10.Ne6 Qa5 11.b4

为了让 c7 格失去保护，白方再次冲兵引离。

11...Qxb4 12.Nc7+ Kd8 13.Ne6+

虽然白方足够凶猛，但白王没有易位，仍有后顾之忧，所以不能走 13.Nxa8 吃车，黑方 13...Qxc3+，白方反倒不好。

13...Ke8 14.Nc7+ Kd8

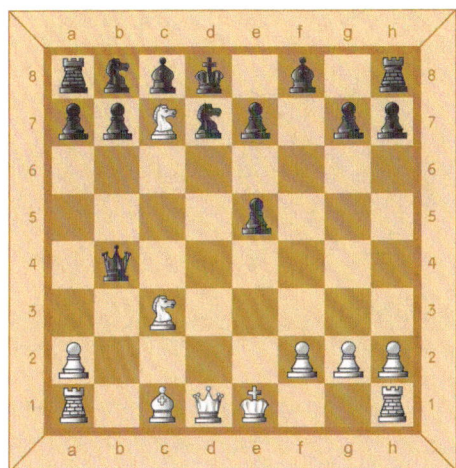

由于白方无法吃回弃子、扩大攻势，在跌宕起伏的精彩对战后，双方长将和棋。

如果黑方 14...Kf7 想要求变，白方可以 15.Qd5+ Kg6 16.Qd3+ Kf7 17.Qd5+ 继续长将，或者在守住 c3 马的情况下，17.Nxa8 吃车，局势复杂。

（二）正确的走法

5...Nc6

延缓王翼马的出动，先预防白方冲兵 e5。

6.Nf3 e6

挡住斜线，防止白方飞象实施引离的可能。

7.0-0 Nf6

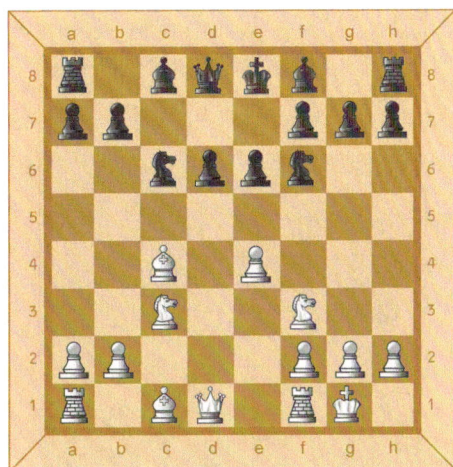

通过更为精确的顺序，黑马终于安全地出动了。

8.Qe2 Be7 9.Rd1

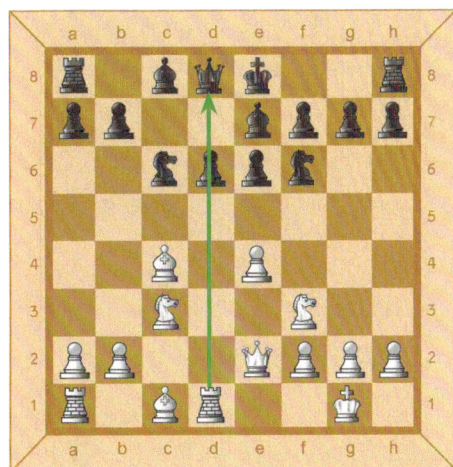

在 d 线形成牵制，白方仍然没有放弃冲兵 e5 的机会！

9...e5

黑方被迫冲兵顶上，这样一来，黑方的 d6 兵和 d5 格被削弱，这也是白方弃兵所获取的补偿。

10.Bg5 0-0 11.Nb5 a6

也可以尝试 11...Ne8 12.Be3 a6 13.Nc3 Nf6 14.Rac1，白方弃兵有补偿。但如果走 11...Bg4 12.h3 Bxf3 13.Qxf3 Ne8，白方可以 14.Bxe7 Qxe7 15.Qa3 攻击 d6 兵。

12.Bxf6

白方兑马，想要引离黑象，赢得 d6 兵。

12...axb5

如果 12...Bxf6，就 13.Nxd6，白方吃回弃兵，局面稍优。走 12...gxf6 会破坏王前兵型，白方 13.Nc3 退回

来，弃兵补偿充分。

13.Bxe7 Qxe7 14.Bxb5 Bg4 15.Bxc6 bxc6

白方得回弃兵，子力被大量简化，局面均势。

第十五课

请君入瓮：引入

划重点

学习掌握引入战术

一、引入战术

如果说引离是把肉包子往墙外扔，引开看门狗，那么引入就是把肉包子往笼子里扔，准备抓住它。

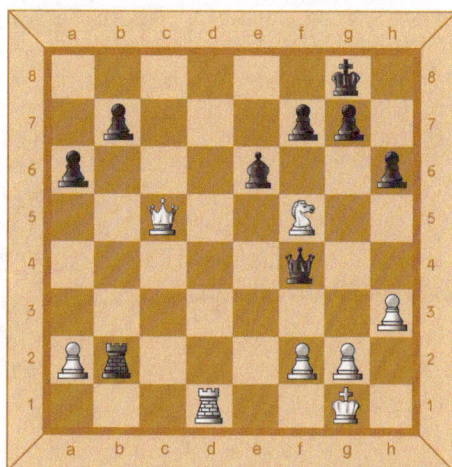

引入战术，是指用强制手段把对方棋子引到特定的位置，配合其他攻击手段，使进攻方获得子力优势或实现将杀。

如上一页图，白方先走。

观察到黑方底线空虚，白方想要以此进攻。但计算后会发现，黑王能够从h7格逃走。因此，白方运用引入的方法，困住黑王。

走1.Qf8+ 将军，目的是把黑王引到f8格。

如果1...Kxf8接受弃后，黑王就无法再从h7格离开，白方可以2.Rd8#将杀。

如果1...Kh7拒绝吃后，将会被白方2.Qxg7# 将杀。

引入不是单独使用的战术，大部分时候需要和其他攻击手段相结合，比如将杀、击双、串击、牵制等。

引入的棋子往往就是我们想要攻击的目标，而引离的棋子则不是，它们通常承担着保护攻击目标的重任。就好比把小狗引到笼子里是为了抓住它，把看门狗引到墙外去却不是想抓它，而是为了能偷溜进门里去。

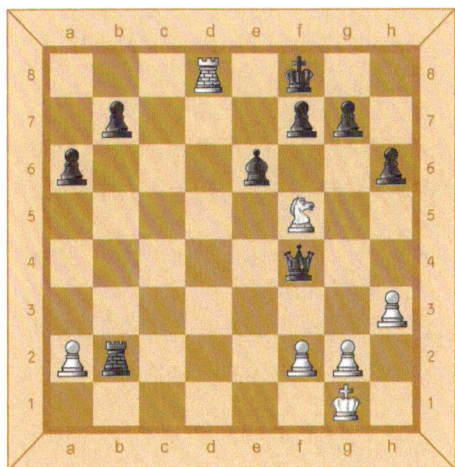

小贴士

引入的要点

1. 逆向思维，先假设想要获得的局面

2. 将对方的棋子引到特定的位置

3. 配合其他进攻手段获得子力优势或将杀

4. 必须使用强制手段

二、引入和各类战术的配合

（一）引入和击双

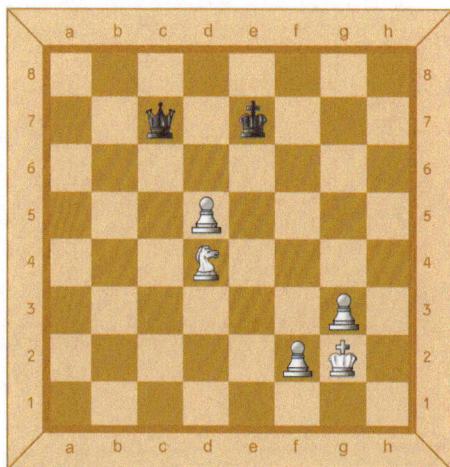

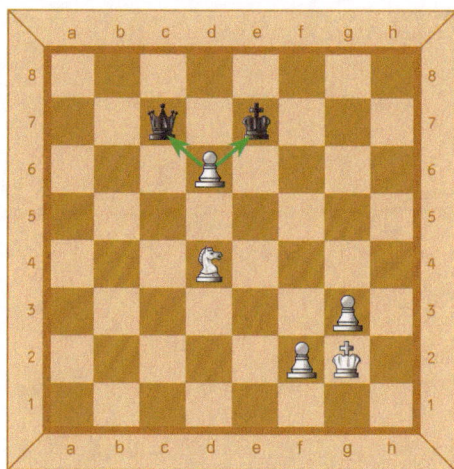

如图，白方先走。

配合兵和马的击双，白方成功运用了引入战术。

走 1.d6+ 将军并且用兵击双。

无论黑方是用后吃还是王吃，白方都可以用马击双。

如果 1...Kxd6，就 2.Nb5+；或者

1...Qxd6，就 2.Nf5+。

（二）引入和串击

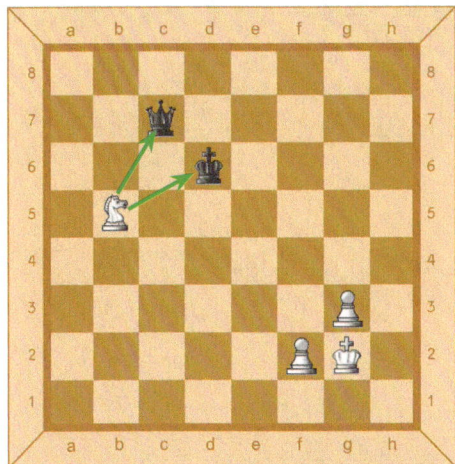

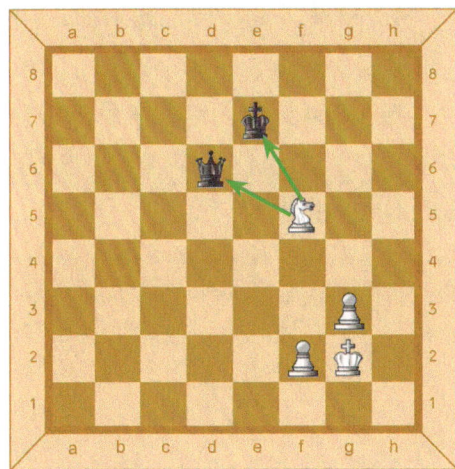

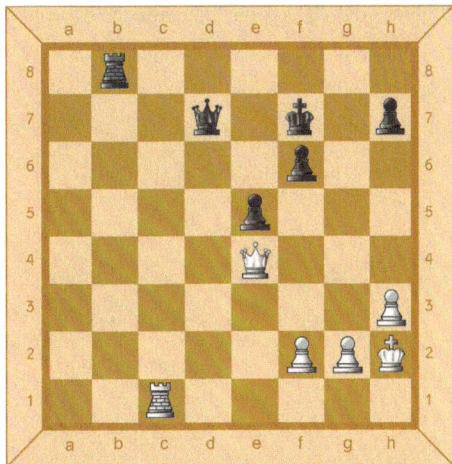

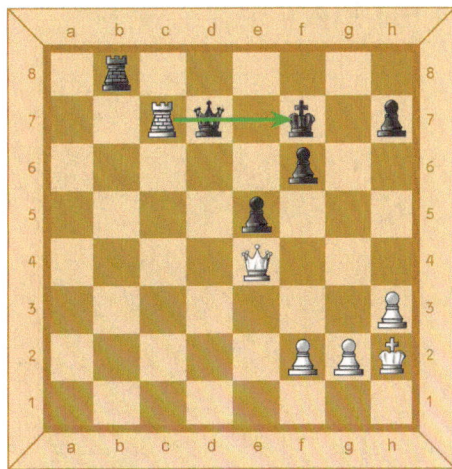

如图，白方先走。

配合车的牵制和后的串击，白方成功运用了引入战术。

走 1.Rc7 进行牵制，黑后无法摆脱，只能 1...Qxc7 接受弃车，那么白方就可以走 2.Qxh7+ 串击了，黑后离得太远，黑王无法守住。

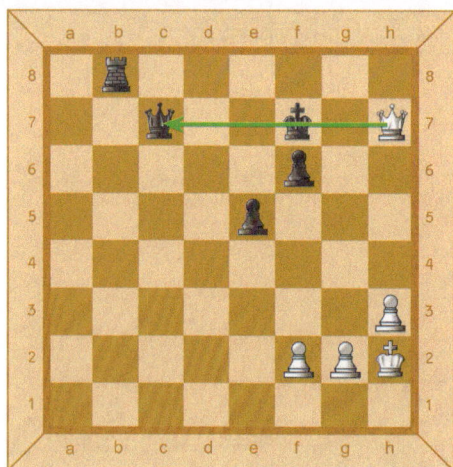

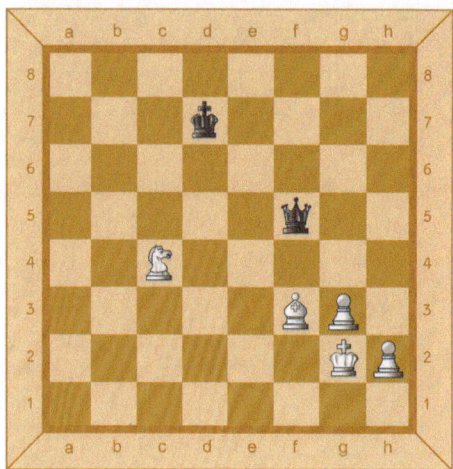

如图，白方先走。

配合象的牵制和马的击双，白方成功运用了引入战术。

走 1.Bg4 进行牵制，黑后无法摆脱，只能 1...Qxg4 接受弃象，白方就可以 2.Ne5+ 击双得后了。

（三）引入和牵制

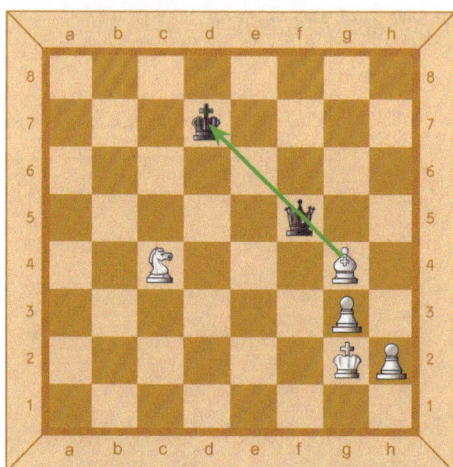

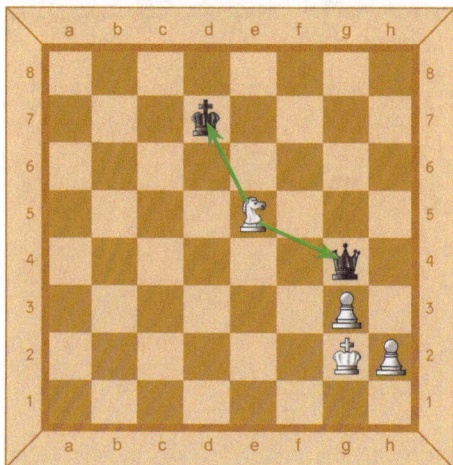

（四）引入和闪击

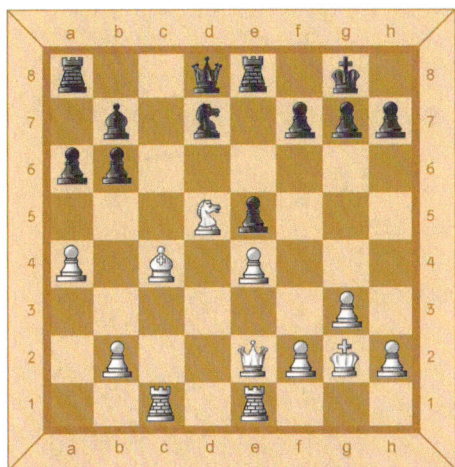

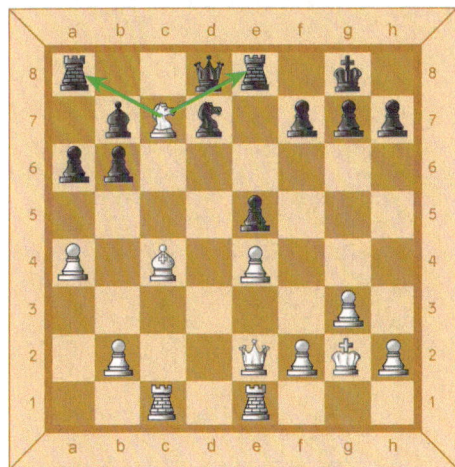

如图，白方先走。

配合马的击双和象的闪将，白方成功运用了引入战术。

走 **1.Nc7** 进行击双，如果黑方不接受弃马，就无法守住黑车。

如果黑方 **1...Qxc7** 吃马，黑后就和白车来到了同一条直线，白方可以走 **2.Bxf7+** 闪将得后。

随堂练习

白方先走，运用引入（1-3题）。

1

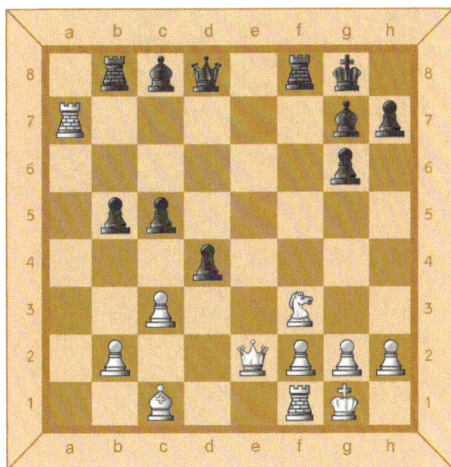

2

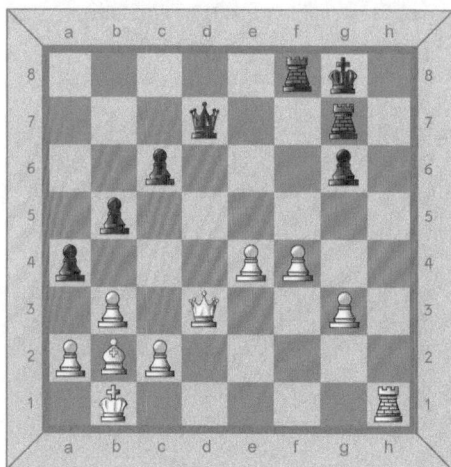

黑方先走，运用引入（4-7题）。

4

3

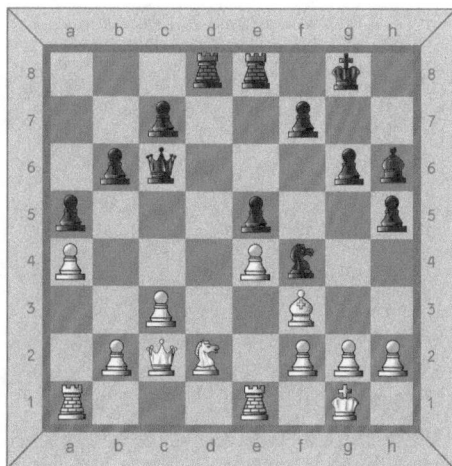

5

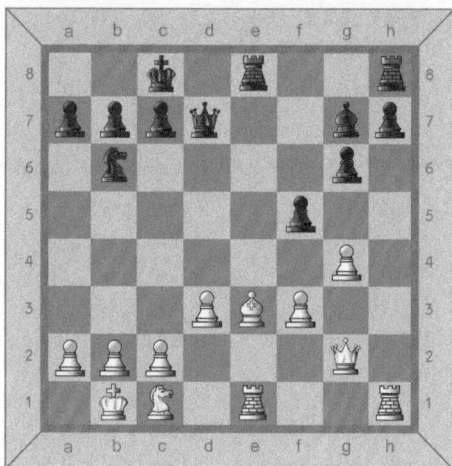

6

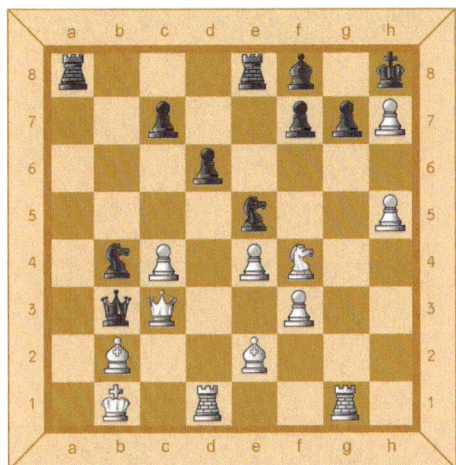

7

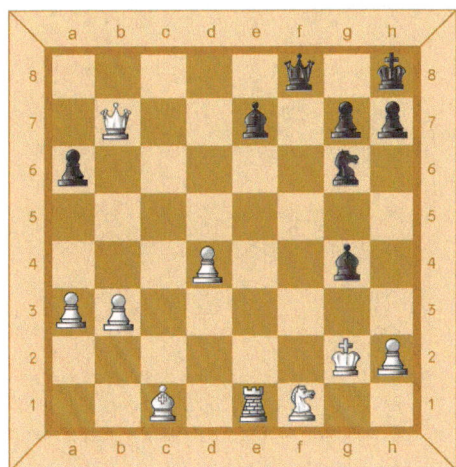

一刀两断：拦截

划重点

学习掌握拦截战术

一、拦截战术

这节课我们来学习拦截战术。

糟糕，被拦截了！

"拦截"字面上是阻拦、切断的意思。好比古时候打仗，士兵们在前线冲锋陷阵，粮草和补给在后方运输。此时如果奇兵突袭，切断了粮草和补给的运输线，那么前线的士兵很快就要弹尽粮绝了。

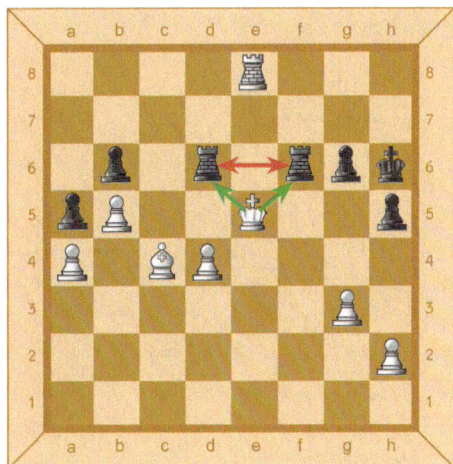

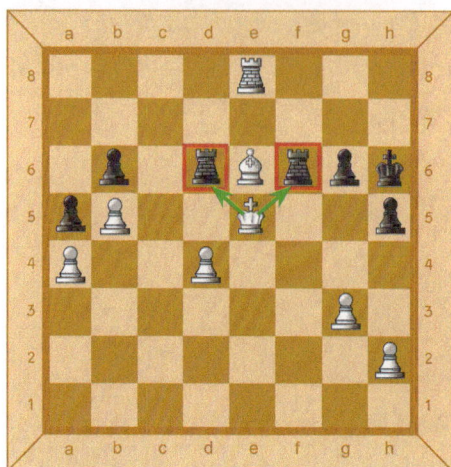

拦截战术，是指用强制手段切断对方的重要线路，使对手的子力不能连通，以此来获得子力优势或实现将杀。

如图，白方先走。

白王同时攻击黑方双车，但双车之间相互连通，彼此保护。因此，白方运用拦截的方法，走 1.Be6 切断了双车之间的线路，使他们同时失去保护。面对白王的击双，黑方必然会损失子力。

使用拦截的思路类似于消除保护，需要我们先发现真正的进攻目标，再进一步思考如何切断对手棋子之间的线路。

多数情况下进攻方要通过弃子来实现这一点，因此在实施拦截之前要衡量好子力价值，做到交换时不吃亏，或者确保可以将杀对方。

小贴士

拦截的要点
1. 发现真正的进攻目标
2. 切断进攻目标和保护子之间的线路
3. 获得子力优势或将杀
4. 弃子前必须衡量得失

二、典型手段

拦截战术在横线、直线或斜线上都可以使用。最常见的是牺牲轻子进行拦截，赢得对方一只车，获得"多半子"的子力优势。

如图，白方先走。

在有 d8 车保护的情况下，另一只黑车深入次底线攻击白兵，但这个行为太过冒险，因为白方可以运用拦截来切断它的后援。

走 1.Nd5，先手攻击黑后并切断 d 线，正是对黑后的攻击让这步棋带有强制性。

无论黑方选择用兵吃还是马吃，都无法让 d 线重新恢复畅通。黑方只能选择损失最小的 1...R2xd5 2.exd5 Nxd5 3.Qb3。

用一只车交换白方一马一兵，白方获得子力优势。

在攻王中也可以使用拦截，切断对方的防御路线，实现将杀。

117

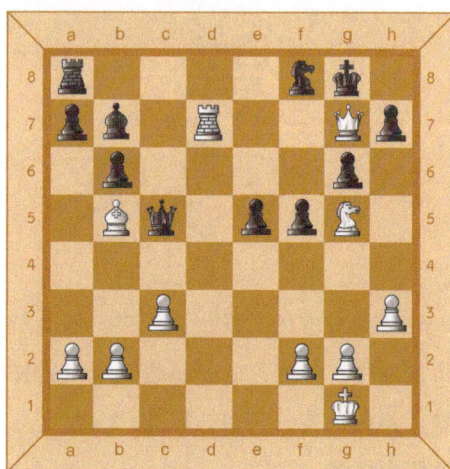

如果走 1...Nxd7 吃车，黑马就被引离了，它还挡住了自己的后，导致 h7 兵一下子失去两个防守子力，白方可以 2.Qxh7+ Kf8 3.Qf7# 杀王。

如图，白方先走。

白后和白马正在攻击 h7 兵，但黑方有黑马和黑后同时防守，感觉非常安全。这种错觉在白方走完 1.Rd7 以后就被推翻了。

现在，白方同时威胁吃后和在 g7 格杀王，黑方难以应对。

不能用后吃车，这样会损失子力。如果走 1...Qc5 逃开，就 2.Qg7# 杀王。

随堂练习

白方先走，运用拦截（1-3题）。

1

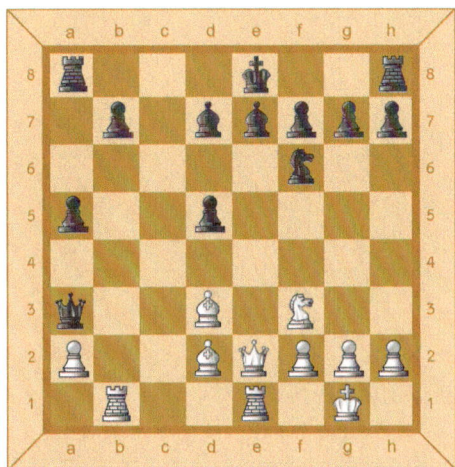

2

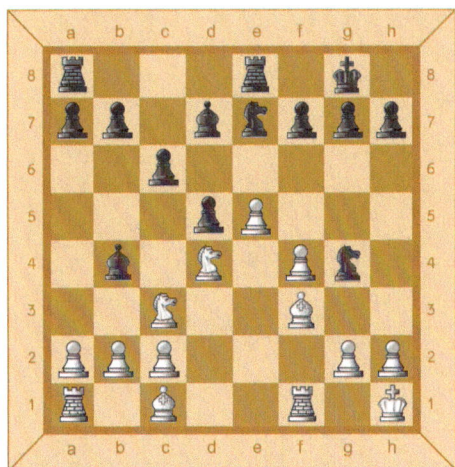

3

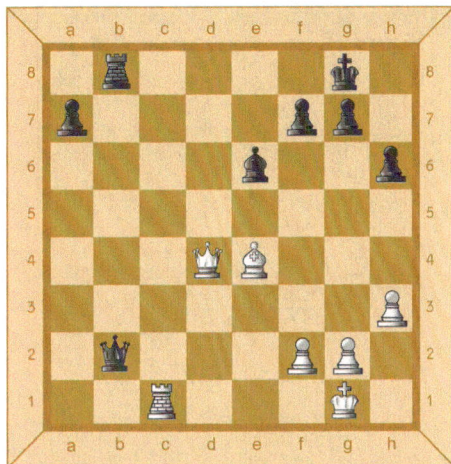

黑方先走，运用拦截（4-6题）。

4

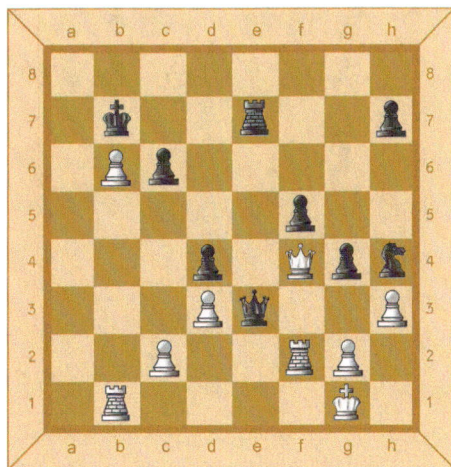

5

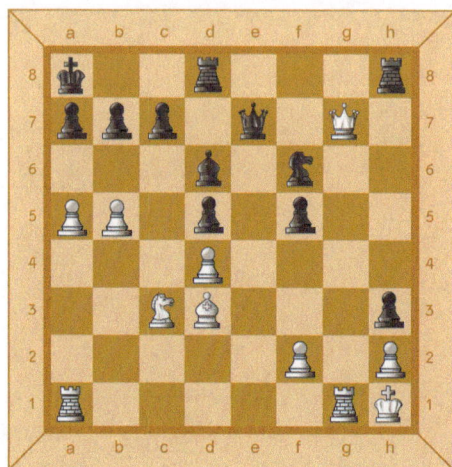

6

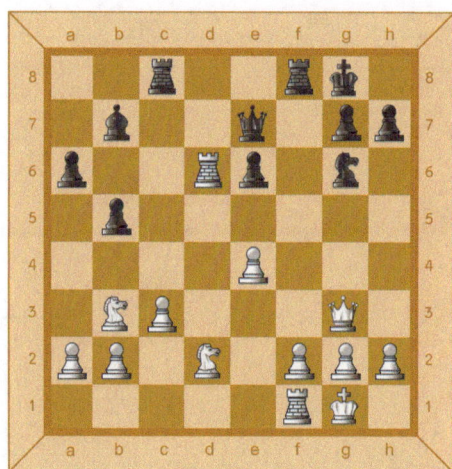

天降大石：堵塞

划重点

学习掌握堵塞战术

一、堵塞战术

这节课我们来学习堵塞战术。

堵塞战术，是指用强制手段堵住对方王的活动范围，使王被围困而无法逃跑，有时候也可以用来封锁对方某个棋子，以此来获得子力优势或实现将杀。

堵塞和拦截的区别是，堵塞通常是堵住一个格子，而拦截是切断一条线。

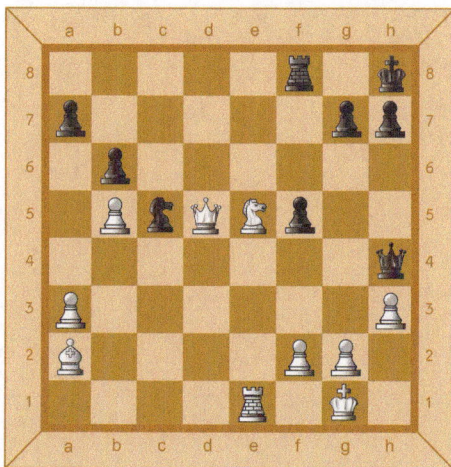

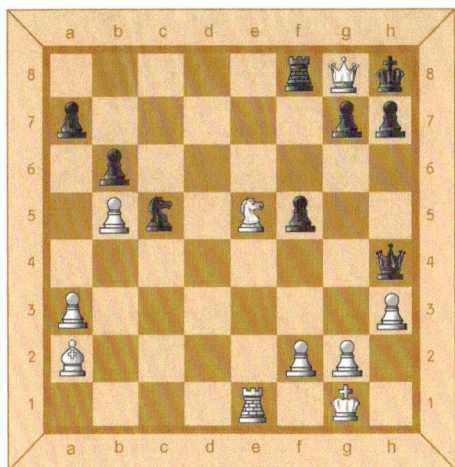

如图，白方先走。

在这个局面中，黑王处于棋盘的边角，活动空间有限。如果直接用马将军，黑王可以逃到 g8 格。所以，白方使用堵塞的方法，让黑王无法动弹。

先走 1.Qg8+ 将军，因为有白象保护，黑方只能 1...Rxg8 用车吃掉白后。这样一来，黑车就变着了一块大石头，把黑王堵在角落里，白方再走 2.Nf7# 完成杀王。

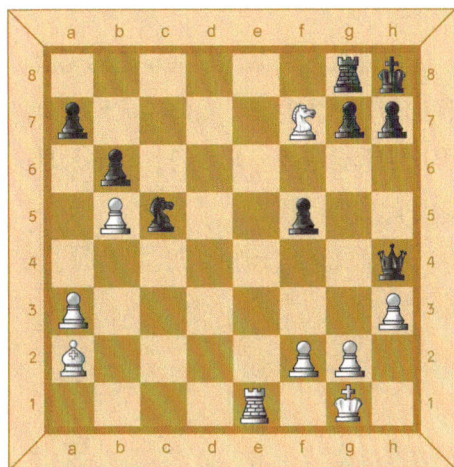

小贴士

堵塞的要点

1. 堵住对方王的活动范围

2. 封锁对方某个棋子的行动

3. 通常是堵住一个格子

4. 获得子力优势或将杀

二、典型手段

堵塞战术大多出现在攻王的时候，围追堵截对方的王，最终构成闷杀。需要配合其他战术一起执行，马常常是进攻中的主力。

我们先来看一个经典的四步杀。

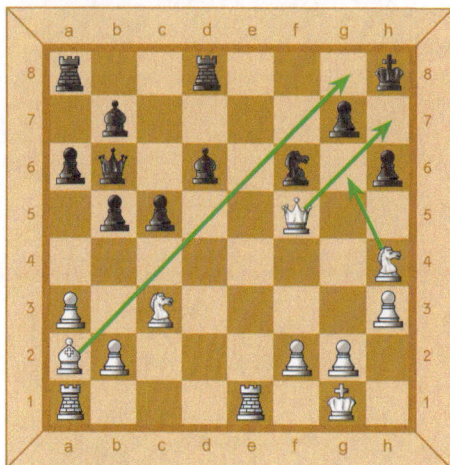

2...Kh8 3.Qh7+ 堵塞！

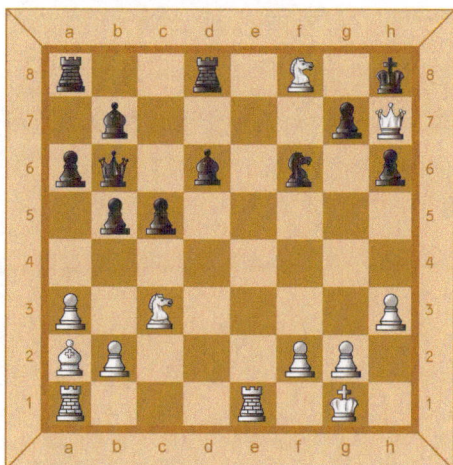

如图，白方先走。

白方子力围攻黑王，但黑王始终有 h7 格和 h8 格可以躲避，想要一击即中，需要使用堵塞的方法阻止黑王逃跑。

先走 1.Ng6+ Kh7 2.Nf8+，借助双将的强制性将白马调整到 f8 格，帮助白方进一步控制 h7 格。

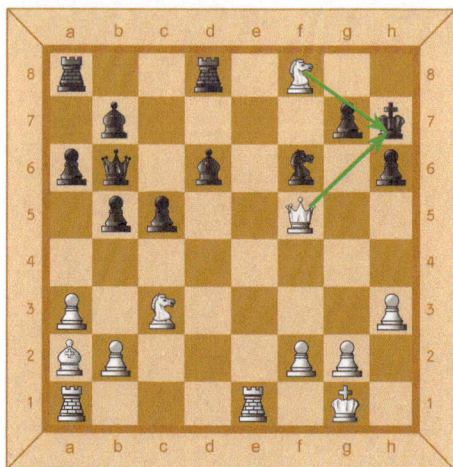

因为白马的保驾护航，黑方只能 3...Nxh7 用马吃后，被迫堵住了黑王的逃生空间，白方 4.Ng6# 完成杀王。

除了配合马进行闷杀以外，与其他子力配合，关闭对方王的逃生通道也是一种常用手段，有时候甚至都不需要进行弃子。

如图，白方先走。

白后想要通过 h7 格将军进行杀王，但可以预见的是，黑王可以通过 f8 格和 e7 格往外逃。于是，在行动之前，白方就构思好了堵塞黑王的办法。

先 1.Qh7+ Kf8，通过将军把黑王赶到需要的格子。

再 2.Bc5+ 将军，先手实施封锁，节省一步棋的时间。

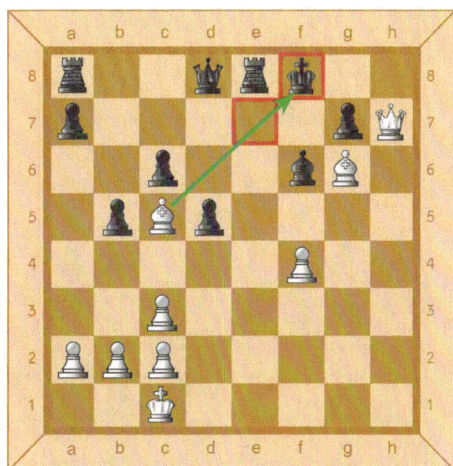

由于黑王和 e7 格都处在白象的攻击之下，黑王无处可逃，即使 2...Be7 进行垫将，也会挡住黑王的去路，白方 3.Qh8# 完成杀王。

随堂练习

白方先走，运用堵塞（1-3题）。

1

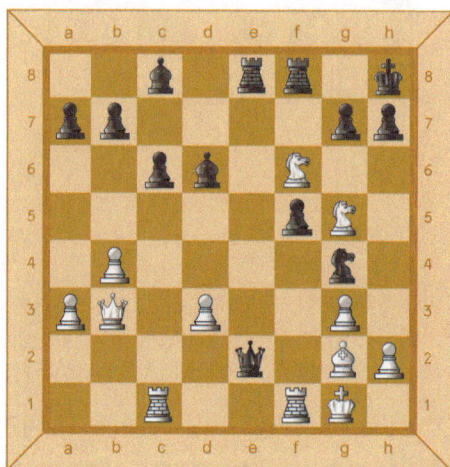

2

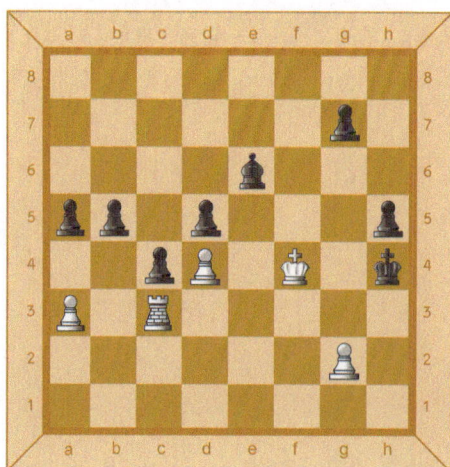

3

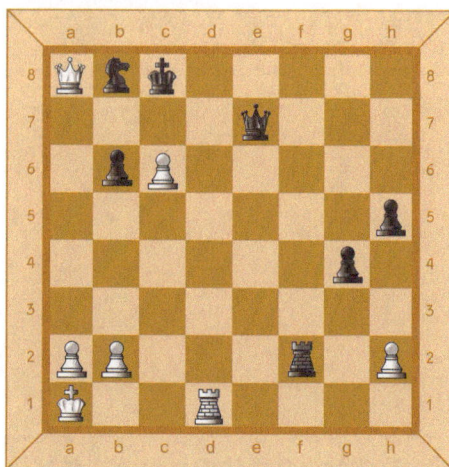

黑方先走，运用堵塞（4-6题）。

4

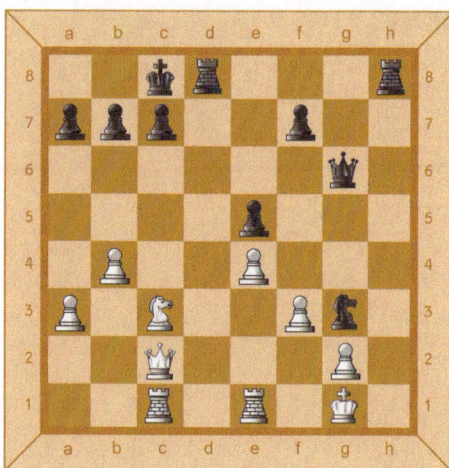

5

6

第十八课

主动让贤：腾挪

划重点

学习掌握腾挪战术

一、腾挪战术

这节课我们来学习腾挪战术。

我会开，让我来!

在国际象棋的规则里，不允许把两个子走到同一个格子里，除了马以外的子也不能跳过挡在面前的棋子。为了让计划顺利执行，进攻方需要先消除这些障碍。

腾挪战术，是指用强制手段把己方碍事的棋子移开，空出关键的格子或线路，方便后续进攻。

运用腾挪时，一定要带有将军、制造杀王、吃子、攻击棋子等先手，让防守方必须应对新出现的威胁，从而来不及进行其他防守。

如图，白方先走。

观察到黑王和黑后的位置，白方想到如果可以把马走到 f6 就能进行击双，但是白后占据了这个关键的格子，所以我们要用腾挪的办法把白后移开。

如果只是平淡地把后走到 h4，那黑方也有时间进行防守，把黑后也走到 g6 躲开。因此，腾挪需要先手，走 1.Qxd8+ 吃车将军，黑方必须 1...Rxd8 吃回来，就没有机会再逃后了，白方 2.Nf6+ 击双，获得子力优势。

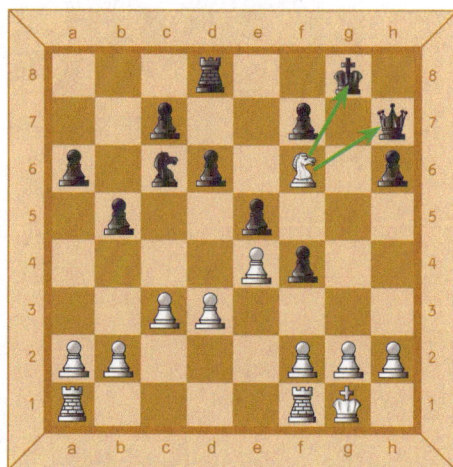

腾挪不是单独使用的战术，它往往在为后续一系列进攻做准备。

在实施腾挪前，我们要仔细分析局面，找到真正的攻击目标。一旦构思中出现"如果没有这个棋子挡着就好了"这样的想法，就可以考虑能不能使用腾挪的方法，借助先手移开这个障碍，再进一步发动进攻。

小贴士

腾挪的要点

1. 先确认真正的进攻目标

2. 将己方碍事的棋子走开

3. 空出关键的格子或线路

4. 必须使用强制手段

二、典型手段

有些时候，腾挪看上去有点像闪击，都是通过强制手段把棋子移开，只不过闪击针对的目标是棋子，腾挪针对的目标是威胁。

我们来看一个有趣的例子。

如图，白方先走。

在这个局面中，我们观察到白后和白象可以在王翼组织攻势，但白马和白车阻挡了它们的去路。经过仔细计算，白方在确认可以将杀黑王的前提下，决定连续弃子，进行两次腾挪。

先走 1.Ne7+ 将军，为白象腾出 b1-h7 斜线，黑方只能 1...Qxe7 吃马。

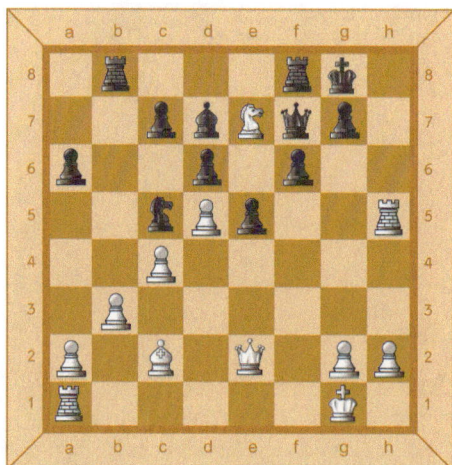

再走 2.Rh8+ 将军，为白后腾出 h5 格。

如 果 2...Kf7 逃 走，就 3.Qh5+ g6 4.Qxg6# 将杀。

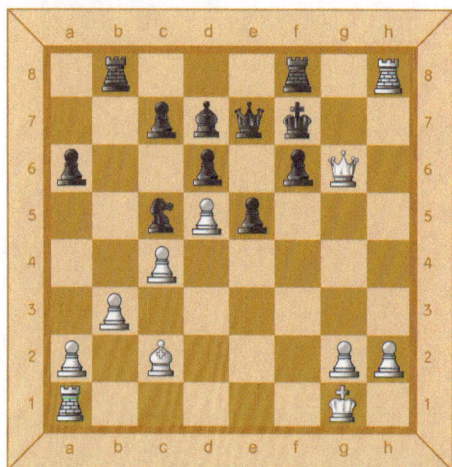

如果 2...Kxh8 吃车，就 3.Qh5+ Kg8 4.Qh7+ Kf7 5.Bg6# 将杀。

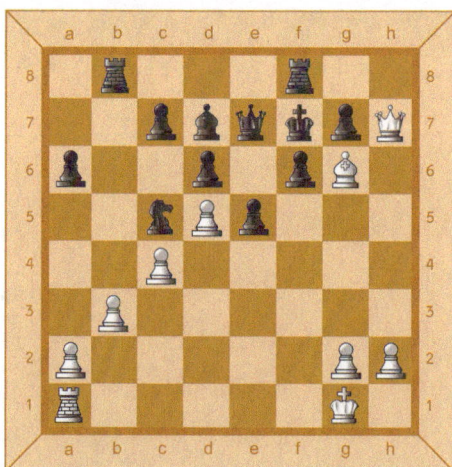

我们都知道在对方王短易位的情况下，后如果能在象的支持下入侵 h7 格，很有可能制造杀棋。但如果象在后的前面，位置不对，又该怎么办呢？

让我们再来看一个例子。

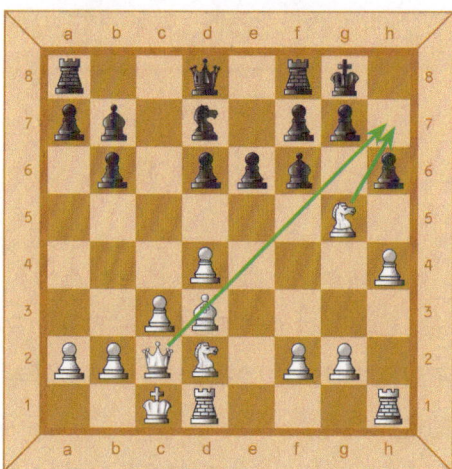

如图，白方先走。

白象挡住了白后前往 h7 格杀王的路线，应该想个办法进行腾挪。

简单地走 1.Ba6 不能奏效，虽然做

到了同时攻击黑象和威胁杀王，但黑方可以先 1...Bxg5 吃掉白马，在 2.Bxb7 Bxd2+ 之后，把车逃开，解除危机。

正确的走法是 1.Bh7+ Kh8 2.Bg8 腾挪，白象和白马一起攻击 f7 兵，并且都能支持白后到 h7 格杀王。

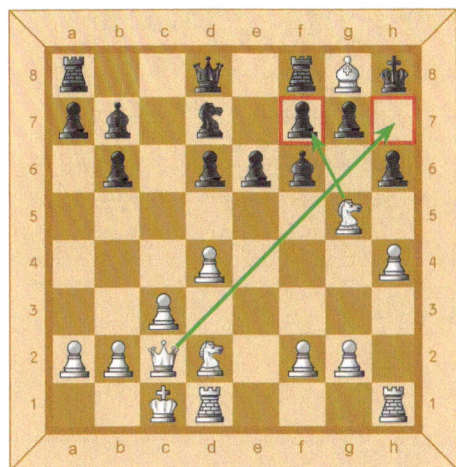

吃掉白马不再能解决问题，黑方陷入两难的境地。

如果 2...Rxg8 吃象，会遭到 3.Qh7# 将杀。

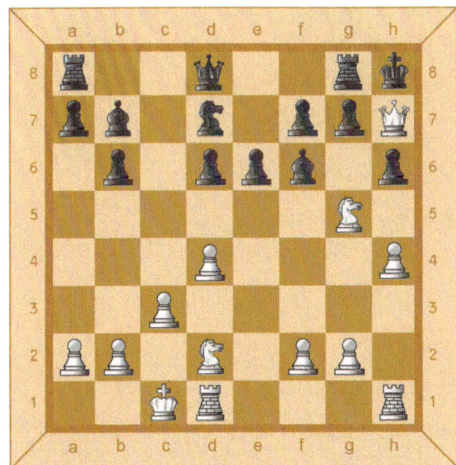

如果 2...g6 阻挡，白方可以通过 3.Nxf7+ 击双，获得子力优势。

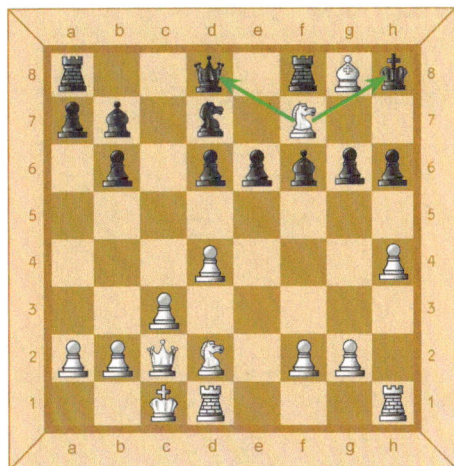

真是一次让人印象深刻的腾挪！

随堂练习

白方先走，运用腾挪（1-3题）。

1

2

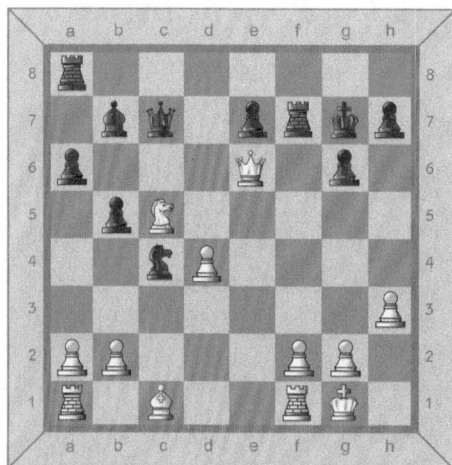

黑方先走，运用腾挪（4-7题）。

4

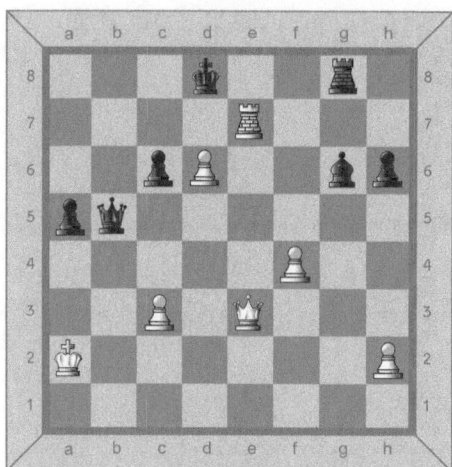

3

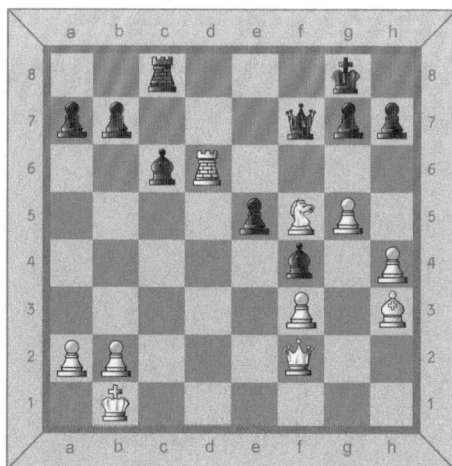

5

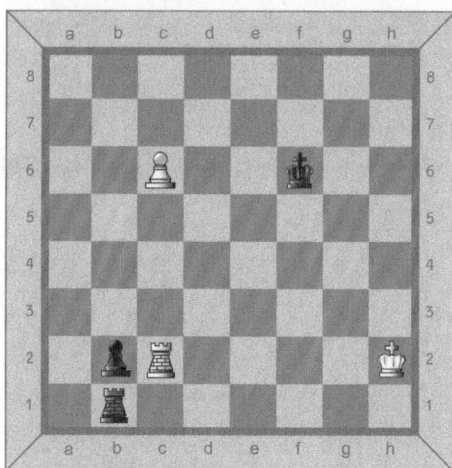

6

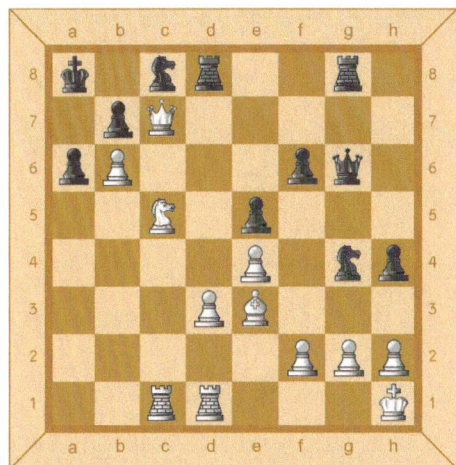

7

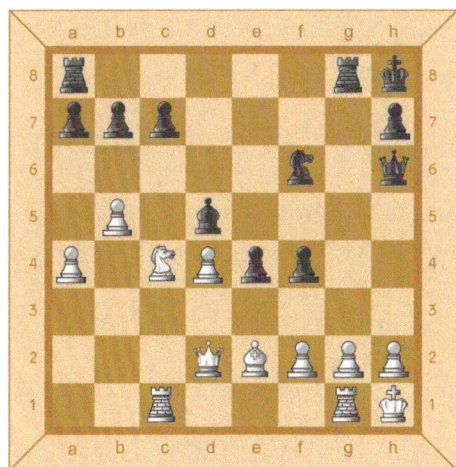

答 案

第一课

1 1.Nc3
2 1.c5+ -
3 1.a5+ -
4 1...Qd4+ - +
5 1.Be5 - +
6 1...Re8 - +
7 1.Ne2
8 1.e4
9 1.Qe3
10 1...Nf6
11 1...Qc7;1...Qb8; 1...Qe7
12 1...Bd3

第二课

1 1.Rh5++ -
2 1.Rc7++ -
3 1.Bc4++ -
4 1...e2+ - +
5 1...Qe4+ - +
6 1...Nf3+ - +
7 1.Qa4++ -
8 1.Qd5+ -
9 1.Qc2+ -
10 1...Qxe3+ - +
11 1...Qe5 - +
12 1...Qe4 - +
13 1.Nxe5++ -

14 1.Nf8++ -
15 1.e8=N++ -
16 1...Nf3 - +
17 1...Nd4 - +
18 1...Ne6 - +

第四课

1 1.Be5++ -
2 1.Bg2+ -
3 1.Ba6+ -
4 1...Ba6 - +
5 1...Bd3 - +
6 1...Bd3+ - +
7 1.g7+ -
8 1.Rb8++ -
9 1.Re1+ -
10 1...Ra3 - +
11 1...Ra2 - +
12 1...Rd8 - +

第五课

1 1.Re1+ -
2 1.Bb5+ -
3 1.Ra7+ -
4 1...Bf4 - +
5 1...Bb6 - +
6 1...Bd5 - +
7 1.Bb8+ -
8 1.Bb4+ -

9 1.Rd1+ –

10 1...Be5 – +

11 1...Re1 – +

12 1...Qb3 – +

13 1.Rd1+ –

14 1.Rb1+ –

15 1.Ra7+ –

16 1...Rh2 – +

17 1...Rd8 – +

18 1...Bf8 2.Qxf6 Ba3#

第六课

1 1.c4+ –

2 1.b6+ –

3 1.Rcc7+ –

4 1...f5 – +

5 1...Ne5 – +

6 1...Nc4 – +

7 1.Ra8#

8 1.Qh8#

9 1.Rxd5+ –

10 1...b5#

11 1...Bxc4 – +

12 1...Rxe2 – +

13 1.Rd2

14 1.f3

15 1.Nxf6

16 1...Nf6+

17 1...Qxg3 – +

18 1...Ng4+

第八课

1 1.Nxf6#

2 1.Rf8#

3 1.Bxd6+ Kg8 2.Rf8#

4 1...Rd1#

5 1...Nf3+ 2.Kh1 Qxh2#

6 1...Nh3+ 2.Kh1 Qg1#

第九课

1 1.Bxf7+ Rxf7 2.Rxc7+ –

2 1.Nxf7++ – ;1.Ng6++ –

3 1.Qxg6 fxg6 2.Rd1++ –

4 1...Rxb3+ – +

5 1...d3+ – +

6 1...Rc2+ 2.Qc3 [2.Kd1 Qd2#]
2...Rxc1+ 3.Kd2 Rxc3 – +

7 1.d5+ –

8 1.Nf5+ –

9 1.Ng5+ –

10 1...Nxf2 – +

11 1...dxc4 – +

12 1...Rb5 – +

13 1...Nxe4 2.dxe4 Bxh4∓

第十一课

1 1.Nxb6 cxb6 2.Qxd4+ –

2 1.Bxd5 Qxb3 [1...Rxd5 2.Qxb6+ –]
2.Bxb3+ –

3 1.Bxc6 bxc6 2.Rd8#

4 1...Qxe3 2.Nxe3 Nf2#

5 1...Nxh3+ 2.Kh1 Qxg4 – +

6 1...Qxh1+ 2.Nxh1 Rd1#

7 1.c4 Nf6 2.Rxe7+ –

8 1.Rf3+ Ke8 2.Qxg7+ –

9 1.Bf3 Ra7 2.Rxc8++ –

10 1...Bd6 2.Re6 Rxd7 – +

11 1...Nd3+ 2.Ke3 Kxg5 – +

12 1...Be5 2.Qf3 Nxa4 - +

13 1.Re8+ Kxe8 2.Qxg7+ -

14 1.Bf6+ Kxf6 2.Qxh8++

15 1.Bxc5 dxc5 2.Rxe5+ -

16 1...b3 2.Bxb3 Rxe4 - +

17 1...Qxc3 2.Rxc3 Rd1#

18 1...Re1+ 2.Qxe1 Qxg2#

第十三课

1 1.Rxg7+ Rxg7 2.Rxa8+ -

2 1.Re8+ Rxe8 [1...Kh7 2.Rxd8+ -]2.Qxd4+ -

3 1.Qxc3 Qxc3 2.Rd8#

4 1...Qb1+ 2.Rxb1 Nxc2#

5 1...Nf3+ 2.Qxf3 Qxd2 - +

6 1...Bc6+ 2.Rxc6 Qd5+ - +

7 1.Qxh6+ gxh6 2.Rh7#

8 1.Ng6+ hxg6 2.Rh1#

9 1.c5 Bxc5 [1...Bf8 2.cxb6+ -]2.Rd8+ Bf8 3.Rxf8#

10 1...Qxc3+ 2.Bxc3 Rb1#

11 1...Nfg3+ 2.hxg3 Rh6#

12 1...Qh5+ 2.gxh5 Rh4#

第十五课

1 1.Rxg7+ Kxg7 2.Qe5+ Kg8 3.Qxb8+ -

2 1.Rh8+ Kxh8 2.Qxd7+ -

3 1.Rh8+ Kxh8 2.Bf7#

4 1...Rxd2 2.Qxd2 Nh3+ - +

5 1...Rxe3 2.Rxe3 Qd4 3.c3 Qxe3 - +

6 1...Ra1+ 2.Kxa1 Qa2#

7 1...Bf3+ 2.Qxf3 Nh4+ - +

第十六课

1 1.Bb4 axb4 2.Qxe7#

2 1.e6 Bxe6 [1...fxe6 2.Bxg4+ -]2.Nxe6 fxe6 3.Bxg4+ -

3 1.Rc8+ Rxc8 [1...Bxc8 2.Qd8#] 2.Qxb2+ -

4 1...Nf3+ 2.gxf3 Qxf4 - +

5 1...Ng4 - +

6 1...Nf4 - +

第十七课

1 1.Qg8+ Rxg8 2.Nf7#

2 1.Rh3+ Bxh3 2.g3#

3 1.Rd8+ Kc7 [1...Qxd8 2.Qb7#; 1...Kxd8 2.Qxb8#]2.Qb7+ Kxd8 3.Qxb8#

4 1...Qb6+ 2.Re3 [2.Qf2 Rh1#] 2...Qxe3+ 3.Qf2 Rh1#

5 1...Qf1+ 2.Rxf1 [2.Kxf1 Rh1#] 2...Ne2#

6 1...Qe3+ 2.Rf3 Bh4#

第十八课

1 1.Bg6 Rc8 2.Nf5+ -

2 1.Qxc4 bxc4 2.Ne6++ -

3 1.Rd7+ Kxd7 [1...Kc8 2.Rc7+ Kd8 3.Qe7# 或 2...Kb8 3.Qa7#]2.Qe7+ Kc8 3.Qc7#

4 1...Be4+ 2.fxe4 Rc1#

5 1...Rh1+ 2.Kxh1 b1Q+ 3.Kg2 Qxc2+ - +

6 1...Nxf2+ 2.Bxf2 Qxg2#

7 1...e3 2.fxe3 [2.Qe1 exf2 3.Qxf2 Ne4 - +]2...Ne4 3.Qe1 Ng3+ - +